SE 07

Policía Nacional
Escalas Básica y Ejecutiva

Enero 2024

Policía Nacional
Escalas Básica y Ejecutiva

Pruebas físicas

Autor

DAVID SOTELINO LÓPEZ

LICENCIADO EN CIENCIAS DE LA ACTIVIDAD FÍSICA Y EL DEPORTE
MÁSTER EN CAPACITACIÓN APTITUD PEDAGÓGICA (CAP)
ENTRENADOR NACIONAL DE MUSCULACIÓN, FISICOCULTURISMO Y HALTEROFILIA
PERSONAL TRAINER
PROFESOR DE UNIVERSIDAD EN EL GRADO DE CIENCIAS DE LA ACTIVIDAD FÍSICA Y DEL DEPORTE
ENTRENADOR NACIONAL DE NATACIÓN, REMO, BALONCESTO, RUGBY Y PIRAGÜISMO
PROFESOR DE UNIVERSIDAD EN LOS GRADOS DE EDUCACIÓN INFANTIL Y EDUCACIÓN PRIMARIA
PREPARADOR FÍSICO DE OPOSITORES A FUERZAS Y CUERPOS DE SEGURIDAD DEL ESTADO
SOCORRISTA ACUÁTICO Y EXPERTO EN PRIMEROS AUXILIOS, CON DOMINIO DE RCP Y DESFIBRILADOR
QUIROMASAJISTA TERAPÉUTICO Y DEPORTIVO

davidentrenadorpersonal@hotmail.es
www.davidsotelino.com
facebook.com/davidsotelinoentrenadorpersonal
twitter.com/@dsotelinopt
youtube: david sotelino entrenador personal
instagram.com/davidsote_entrenadorpersonal/

© 7 Editores Recursos para la Cualificación Profesional y el Empleo, S.L. (7 Editores)
© El autor
Primera edición, enero 2024 (226 páginas)
Derechos de edición reservados a favor de 7 Editores
IMPRESO EN ESPAÑA
Diseño Portada: 7 Editores
Edita: 7 Editores
Avda. San Francisco Javier, 9 · Edificio Sevilla 2 · Planta 11 · Módulos 25-27 · 41018 Sevilla
Teléfono: 954 784 411 · WEB: www.mad.es · e-mail: administracion@7editores.com
ISBN: 978-84-142-7836-9
© "Editorial Mad" y "Eduforma" son nombres comerciales registrados de
7 Editores Recursos para la Cualificación Profesional y el Empleo, S.L.

Presentación

Este libro está dirigido a la preparación de las pruebas físicas para acceder a plazas de alumnos de la Escuela Nacional de Policía, de la División de Formación y Perfeccionamiento, aspirantes a ingreso en la **Escala Básica, categoría de Policía**, y a ingreso en la **Escala Ejecutiva**, **categoría de Inspector**, de la Policía Nacional.

Mediante la realización de un test físico inicial, los aspirantes podrán conocer su estado, identificar su situación de partida y planificar su entrenamiento para la superación de las tres pruebas físicas.

En el libro se incluyen, además, distintos programas de entrenamiento en función del tiempo disponible, pautas para entrenar cada prueba, orientaciones nutricionales para optimizar el rendimiento y asegurar el éxito y consejos para los días previos a las pruebas.

Esperamos que este material cumpla con su cometido y le ayude a conseguir su objetivo.

El autor

Índice

CAPÍTULO 1

Descripción de las pruebas físicas del proceso selectivo

1. Introducción

En las últimas convocatorias publicadas se especificaba lo siguiente:

"6.1.1 Primera prueba (aptitud física): Esta prueba consistirá en la realización por los opositores de los ejercicios físicos que se describen en el anexo I.

La calificación de cada ejercicio será de cero a diez puntos, según lo establecido en dicho anexo, teniendo en cuenta que la obtención de cero puntos en cualquiera de ellos supone la eliminación del aspirante.

La calificación de la prueba será la media de las obtenidas en cada ejercicio, debiendo alcanzarse al menos cinco puntos para aprobar.

Cuando lo estime pertinente y de forma aleatoria, el Tribunal Calificador podrá realizar pruebas de consumo de sustancias o grupos farmacológicos prohibidos, de estimulantes o cualquier tipo de dopaje, según las normas del Consejo Superior de Deportes, destinados a aumentar la capacidad física o a modificar los resultados de la prueba, quedando eliminados los que den positivo al consumo de dichas sustancias.

Por razones de seguridad, en los ejercicios físicos que se realicen en polideportivo cubierto no se permitirá el acceso de público.

La carrera de 1.000 metros sí será pública, al desarrollarse en pista al aire libre. No se permitirá su grabación por medio audiovisual alguno al poder afectar a la seguridad, al derecho a la intimidad personal y la propia imagen de los intervinientes.

Para la realización de la prueba, los opositores deberán presentarse provistos de atuendo deportivo, y entregar al Tribunal un certificado médico en el que se haga constar que el aspirante reúne las condiciones físicas precisas para realizar las referidas pruebas deportivas. La no presentación de dicho documento supondrá la exclusión del aspirante del proceso selectivo.

Los aspirantes ya pertenecientes a la Policía Nacional que se encuentren en situación de servicio activo antes de que termine el último día del plazo de presentación de solicitudes, estarán exentos de la realización de las pruebas físicas.

2. Descripción de las pruebas de aptitud física

2.1. Primer ejercicio (hombres y mujeres)

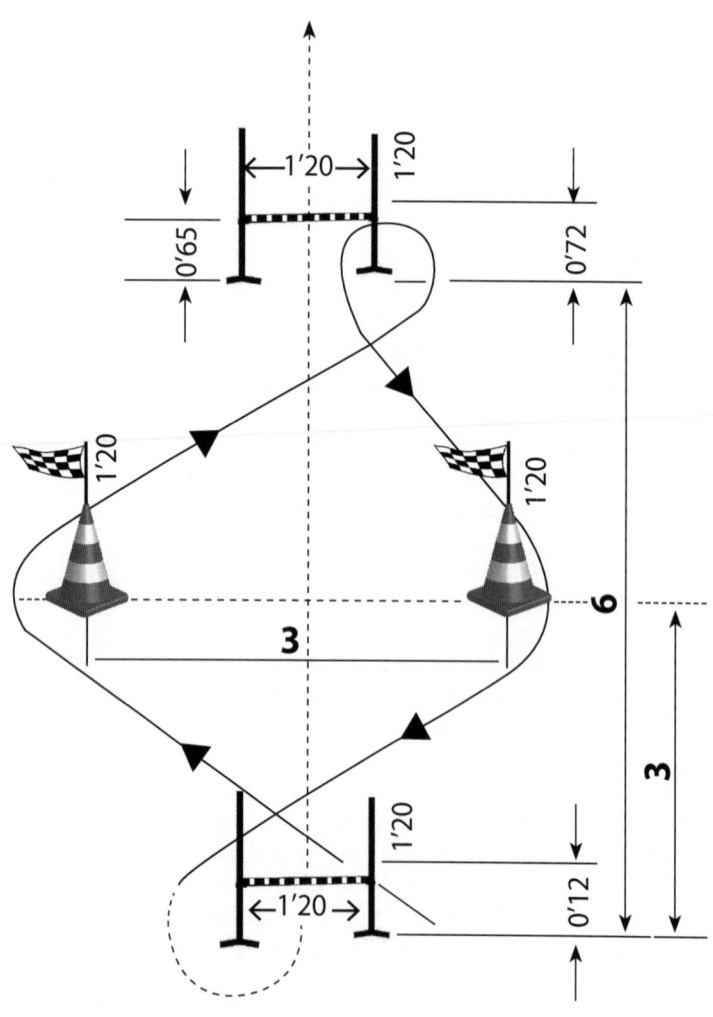

Por debajo de la valla ——
Por encima de la valla --------

Primera prueba. Circuito de agilidad

- **Objetivo**: medir la agilidad de movimientos del ejecutante.

- **Posición inicial**: detrás de la línea de partida, en posición de salida de pie. El lugar de salida es opcional a derecha o izquierda de la valla. Es obligatorio el uso de calzado deportivo.

- **Ejecución**: se ordenará "listo"... "ya", y a esta señal, se deberá realizar el recorrido hasta completarlo en la forma que se indica en el gráfico, siguiendo las reglas descritas.

- **Reglas**:

  1. El recorrido debe realizarse de la forma indicada en el gráfico.

  2. Se valorará el tiempo invertido en segundos y décimas de segundo, contando desde la voz de "ya", hasta que el opositor toca el suelo con uno o los dos pies, habiendo superado con la totalidad del cuerpo la última valla.

  3. Se realizará un intento. Únicamente podrá realizar un segundo intento el opositor que haya incurrido en nulo en el primero.

  4. Superar el tiempo máximo establecido (11'7 s o más para hombres y 12'8 s o más para mujeres) supone la eliminación.

- **Intento nulo**. Será nulo todo intento en el que el opositor:

  1. Modifique el recorrido señalado en el que el opositor.

  2. Derribe o se apoye en alguno de los elementos del circuito, o agarre voluntariamente cualquiera de l9os elementos.

2.2. Segundo ejercicio

A) Hombres

- **Objetivo**: medir la fuerza resistencia de los principales músculos dorsales, flexores de los brazos y la cintura escapulo-humeral.

- **Posición inicial**: suspendido de la barra con palmas al frente (agarre prono) y total extensión de brazos, cuerpo extendido y totalmente estático, perpendicular al plano del suelo. La anchura del agarre será siempre ligeramente superior a la anchura de los hombros del opositor.

- **Ejecución**: se ordenará el comienzo de la prueba, y el opositor deberá realizar el mayor número de dominadas posibles hasta completar el máximo, siguiendo las reglas descritas. Se permite cruzar las piernas siempre que se respeten el resto de reglas.

- **Reglas**:

    1. Cada dominada debe partir de la posición inicial descrita, con los brazos completamente extendidos.

    2. El cuerpo debe permanecer totalmente extendido durante la ejecución del ejercicio.

    3. No se permiten oscilaciones, balanceos ni movimientos de impulso con el cuerpo en ningún momento.

    4. La cabeza permanecerá siempre en posición anatómica, no estando permitido extender la cabeza hacia atrás.

    5. La barbilla debe superar claramente la barra, quedando esta a la altura del tercio inferior del cuello.

    6. Se deberá realizar una mínima pausa entre cada repetición para evitar el efecto del ciclo de estiramiento-acortamiento.

    7. El opositor no podrá soltarse de la barra con ninguna de las manos durante la prueba, ni permanecer más de 5 segundos suspendido entre cada repetición.

    8. No está permitido realizar la prueba descalzo, tampoco el uso de guantes, objetos ni sustancias que faciliten el agarre.

    9. Se dispone de un intento para superar la prueba.

- **Intento nulo**: será nula toda dominada que incumpla cualquiera de las reglas expuestas.

B) Mujeres

- **Objetivo**: medir la fuerza de los principales músculos flexores de los brazos y la cintura escapulo-humeral.

- **Posición inicial**: suspendida de la barra agarrándose con ambas manos, con palmas hacia atrás (agarre supino), brazos flexionados, barbilla por encima de la barra, cuerpo extendido perpendicular al plano del suelo y totalmente estático.

- **Ejecución**: una vez en la posición inicial, se ordenará el comienzo de la prueba, y la opositora deberá mantenerse el mayor tiempo posible en la posición descrita. Se da por finalizado el ejercicio en el momento que la barbilla se sitúe a la altura de la barra, por debajo o tenga contacto con ella.

- **Reglas**:

    1. El cuerpo debe permanecer totalmente extendido durante la ejecución del ejercicio. No se permite la flexión de cadera.

    2. No se permiten oscilaciones ni balanceos del cuerpo en ningún momento.

    3. La cabeza permanecerá siempre en posición anatómica, no estando permitido extender la cabeza hacia atrás.

    4. La barbilla debe superar claramente la barra de manera visible.

    5. La opositora no podrá soltarse de la barra con ninguna de las manos durante la prueba.

    6. No se permite realizar la prueba descalza ni el uso de guantes, objetos o cualquier sustancia que facilite el agarre.

    7. Se dispone de un intento para superar la prueba.

- **Intento nulo**: será nula toda ejecución que incumpla cualquiera de las reglas expuestas.

2.3. Tercer ejercicio (hombres y mujeres)

- **Objetivo**: medir la resistencia orgánica de los opositores.

- **Posición inicial**: de pie, detrás de la línea de salida.

- **Ejecución**: se ordenará "listo"..., "ya", y a esta señal, los opositores iniciarán el recorrido hasta completar 1.000 m.

- **Reglas**:

    1. La prueba se realizará en grupo. Sobre superficie lisa, plana y dura.

    2. El tiempo invertido se medirá en minutos y segundos.

    3. Es obligatorio el uso de calzado deportivo, no estando permitido el uso de zapatillas de clavos.

    4. Si el opositor abandona la zona de carrera, será excluido. Igualmente, el opositor que realice cualquier conducta antideportiva durante la prueba quedará eliminado.

    5. Se realizará un solo intento.

- **Intento nulo**: será considerado nulo el intento que vulnere lo dispuesto en las reglas expuestas.

2.4. Sistema de calificación

Primer ejercicio — Tiempo-Puntos (Hombres)

11,7 s	o	+	=	0
11,6 s	a	11,5 s	=	1
11,4 s	a	11,3 s	=	2
11,2 s	a	11,0 s	=	3
10,9 s	a	10,6 s	=	4
10,5 s	a	10,2 s	=	5
10,1 s	a	9,8 s	=	6
9,7 s	a	9,4 s	=	7
9,3 s	a	8,9 s	=	8
8,8 s	a	8,3 s	=	9
8,2 s	o	−	=	10

Primer ejercicio — Tiempo-Puntos (Mujeres)

12,8 s	o	+	=	0
12,7 s	a	12,6 s	=	1
12,5 s	a	12,4 s	=	2
12,3 s	a	12,1 s	=	3
12,0 s	a	11,7 s	=	4
11,6 s	a	11,3 s	=	5
11,2 s	a	10,9 s	=	6
10,8 s	a	10,4 s	=	7
10,3 s	a	9,9 s	=	8
9,8 s	a	9,4 s	=	9
9,3 s	o	−	=	10

Segundo ejercicio — Flexiones-Puntos (Hombres)

0 a 4	=	0
5	=	1
6	=	2
7	=	3
8 y 9	=	4
10 y 11	=	5
12 y 13	=	6
14	=	7
15	=	8
16	=	9
17	=	10

Segundo ejercicio — Tiempo-Puntos (Mujeres)

0 s	a	35 s	=	0
36 s	a	40 s	=	1
41 s	a	45 s	=	2
46 s	a	51 s	=	3
52 s	a	56 s	=	4
57 s	a	62 s	=	5
63 s	a	69 s	=	6
70 s	a	77 s	=	7
78 s	a	85 s	=	8
86 s	a	94 s	=	9
95 s	o	+	=	10

Tercer ejercicio — Tiempo-Puntos (Hombres)

3 min 49 s	o	+	=	0
3 min 48 s	a	3 min 43 s	=	1
3 min 42 s	a	3 min 37 s	=	2
3 min 36 s	a	3 min 31 s	=	3
3 min 30 s	a	3 min 25 s	=	4
3 min 24 s	a	3 min 19 s	=	5
3 min 18 s	a	3 min 13 s	=	6
3 min 12 s	a	3 min 7 s	=	7
3 min 6 s	a	3 min 1 s	=	8
3 min	a	2 min 55 s	=	9
2 min 54 s	o	−	=	10

Tercer ejercicio — Tiempo-Puntos (Mujeres)

4 min 46 s	o	+	=	0
4 min 45 s	a	4 min 37 s	=	1
4 min 36 s	a	4 min 28 s	=	2
4 min 27 s	a	4 min 19 s	=	3
4 min 18 s	a	4 min 10 s	=	4
4 min 9 s	a	4 min 1 s	=	5
4 min	a	3 min 52 s	=	6
3 min 51 s	a	3 min 43 s	=	7
3 min 42 s	a	3 min 34 s	=	8
3 min 33 s	a	3 min 25 s	=	9
3 min 24 s	o	−	=	10

CAPÍTULO 2

Comparación entre las pruebas físicas actuales y las de las anteriores convocatorias

Índice

1. Introducción

Como ya es sabido, en la convocatoria 2017 cambiaron las pruebas físicas para el acceso al Cuerpo Nacional de Policía.

Desde la convocatoria de 2016 ya no evalúan el salto vertical, pero desde entonces se endurecieron los baremos de las otras tres pruebas físicas (circuito, barra y carrera). Asimismo, en la actual convocatoria de 2019 aparece una descripción más completa de las reglas de cada prueba.

Está mucho más especificado cómo deben realizarse correctamente y cuáles son las causas eliminatorias. De esta forma, ahora las pruebas son mucho más objetivas. A continuación se pueden ver las diferencias.

2. Hombres

2.1. Circuito de agilidad

El baremo de tiempo y puntuación es el mismo, pero desde 2017 el circuito tiene **3 metros de ancho**, en vez de 2, teniendo que recorrer mayor distancia desde el inicio hasta el final del mismo.

En cuanto a la descripción de esta prueba, aparece el tipo de señal que hará el examinador ("listo"… "ya"). Antes no se especificaba esto. Con dicho aviso para la salida, la velocidad de reacción es mucho mayor que si solo se diese la salida con "ya".

En la descripción de las reglas aparece lo siguiente: "El cronómetro se activa a la voz de «ya» y se detiene cuando el opositor toca el suelo con uno o los dos pies".

Puede variar unas décimas el hecho de parar el tiempo cuando se contacta con un pie o bien con dos. Si el examinador tiene el mismo criterio para todos los aspirantes, esta prueba será objetiva.

2.2. Dominadas

Ahora **se piden más repeticiones** para cualquier nota del 1 al 9, excepto para los 10 puntos, que siguen siendo 17.

En la descripción de esta prueba se dice que la anchura del agarre será siempre ligeramente superior a la anchura de los hombros del opositor. Antes no aparecía nada al respecto. Esto significa que ya se deben entrenar las dominadas con esta premisa.

También se indica que se permite cruzar las piernas.

Respecto a las reglas que aparecen, cabe destacar las siguientes:

– "La cabeza permanecerá siempre en posición anatómica, no estando permitido extender la cabeza hacia atrás". Esto prohíbe lo que ya se sabía: la hiperextensión del cuello hacia atrás.

– "La barbilla debe superar claramente la barra, quedando esta a la altura del tercio inferior del cuello". Antes simplemente ponía que la barbilla debía asomar por encima de la barra. Dicha especificación implica realizar mayor recorrido en el movimiento, teniendo que flexionar más los brazos y realizar una retracción escapular. Esta indicación del "tercio inferior del cuello" tiene algo de subjetivo ya que no hay marcas en el propio cuello del opositor. Esto conlleva que el examinador haga una apreciación bajo su punto de vista.

– "Se deberá realizar una mínima pausa entre cada repetición para evitar el efecto del ciclo de estiramiento-acortamiento". Antes no estaba contemplada esta regla pero tampoco se permitía el rebote entre dominadas, con el fin de no verse favorecido del impulso creado por hacer esto. Se recomienda una pausa de 2 segundos.

– "El opositor no podrá soltarse de la barra con ninguna de las manos durante la prueba, ni permanecer más de 5 segundos suspendido entre cada repetición". Esta regla implica no descansar tras cada dominada, ya sea con presa de una mano o de las dos. En anteriores convocatorias no se detallaba esto y había opositores que relajaban uno de sus brazos, soltándolo. Luego hacían lo mismo con el otro. Asimismo, también existían los descansos tras cada repetición con presa de las dos manos. Ahora todo esto está prohibido y son causas eliminatorias.

– "No está permitido realizar la prueba descalzo, tampoco el uso de guantes, objetos ni sustancias que faciliten el agarre". Ya se venía prohibiendo el magnesio o sustancias similares desde la convocatoria del 2017, pero ahora tampoco está permitido el uso de guantes. Descalzarse ya no se permite. Había opositores que se liberaban del peso del calzado para lograr realizar la prueba más ligeros. En cambio ahora no se permite hacer esto.

2.3. Carrera

En la convocatoria de 2017 se cambió la distancia de 2.000 metros por la de **1.000 metros**. La nueva distancia tiene tiempos más exigentes, analizándolo proporcionalmente. No por ser menos metros, es una prueba más fácil que la anterior. El ritmo de carrera deberá ser muy elevado para conseguir una buena nota.

3. Mujeres

3.1. Circuito de agilidad

El baremo de tiempo y puntuación es el mimo, pero desde 2017 el circuito tiene **3 metros de ancho**, en vez de 2, teniendo que recorrer mayor distancia desde el inicio hasta el final del mismo.

En cuanto a la descripción de esta prueba, aparece el tipo de señal que hará el examinador ("listo"… "ya"). Antes no se especificaba esto. Con dicho aviso para la salida, la velocidad de reacción es mucho mayor que si solo se diese la salida con "ya".

En la descripción de las reglas aparece lo siguiente:

- "El cronómetro se activa a la voz de «ya» y se detiene cuando el opositor toca el suelo con uno o los dos pies". Puede variar unas décimas el hecho de parar el tiempo cuando se contacta con un pie o bien con dos. Si el examinador tiene el mismo criterio para todos los aspirantes, esta prueba será objetiva.

3.2. Suspensión en barra

Ahora **se pide aguantar más tiempo** para cualquier nota del 1 al 9, excepto para los 10 puntos, que siguen siendo 95 segundos.

La descripción de esta prueba sigue significando lo mismo.

Respecto a las reglas que aparecen, cabe destacar las siguientes:

- "La cabeza permanecerá siempre en posición anatómica, no estando permitido extender la cabeza hacia atrás". Esto prohíbe lo que ya se sabía: la hiperextensión del cuello hacia atrás.

- "La opositora no podrá soltarse de la barra con ninguna de las manos durante la prueba". Esta norma no aparecía en anteriores convocatorias pero no es algo que compense llevar a cabo ya que, casi seguro, se perdería la posición de barbilla por encima de la barra.

- "No se permite realizar la prueba descalza ni el uso de guantes, objetos o cualquier sustancia que facilite el agarre".

3.3. Carrera

Los **tiempos** para la carrera de 1000 m son **más exigentes** que antes, tanto para las notas bajas como para las altas.

Estos cambios han sorprendido a todos los opositores y opositoras. No obstante, a todos los aspirantes les repercuten estas alteraciones. Así pues, habrá que trabajar en la línea de las exigencias físicas de cada prueba.

Asimismo, antes se permitía el acceso de público al pabellón en el que realizan las primeras dos pruebas físicas (circuito y barra). Ahora la gente ajena ya no puede acceder al recinto cubierto. Familiares, amigos y preparadores físicos solo pueden ver la prueba de carrera que se realiza en una pista de atletismo.

Por medio de este libro, el aspirante podrá prepararse de forma exhaustiva y llegar con una buena forma física al día de las pruebas oficiales.

La prueba de carrera no tiene especificadas reglas nuevas.

 Web de interés

Video de bienvenida y motivación

https://www.youtube.com/watch?v=nKXuiTPzyG0

David Sotelino - Bienvenida y Motivacion

CAPÍTULO 3

Preguntas frecuentes

Índice

1. ¿Quién se puede presentar a las oposiciones de Policía Nacional?

Todo el que cumpla los requisitos que se exigen en la convocatoria.

2. ¿Todo el mundo puede llegar a aprobar los exámenes físicos?

Así es, podrá hacerlo todo aquel que se lo proponga y entrene para ello. Las pruebas físicas evalúan el rendimiento físico y motor, siendo ello necesario para desarrollar la labor de Policía Nacional.

3. ¿Cómo se pueden superar las pruebas físicas?

La forma de aprobar es entrenando. Por muy baja que sea la condición física, con esfuerzo y dedicación se mejora y consigue una buena nota. Para ello bastará con seguir las indicaciones que se dan en este libro.

4. ¿En cuánto tiempo se pueden preparar con éxito las tres pruebas físicas?

Va a depender del nivel de condición física inicial pero, salvo pocas excepciones, bastará con tres o cuatro meses. En algún caso se necesitará más tiempo, dependiendo de la genética y la capacidad de asimilación del entrenamiento deportivo (no todas las personas mejoran al mismo ritmo).

5. ¿Cómo se puede saber el estado de forma física inicial?

A través de los test de valoración anatómica e inicial que se incluyen en los capítulos 8 y 9 del libro, cada aspirante podrá evaluar su estado físico anatómico y la condición física que tiene con relación a las tres pruebas que se piden en la oposición.

6. ¿Qué es necesario para llevar a cabo los entrenamientos?

Sobre todo ganas y algo de tiempo. Para preparar las pruebas se requiere ropa adecuada e instalaciones deportivas, así como unas pautas de entrenamiento que garanticen la mejora y eviten posibles lesiones.

7. ¿Se pueden preparar estas pruebas sin necesidad de ir a un gimnasio?

La respuesta es afirmativa. Solo se necesitará un material deportivo mínimo (barra y objetos para construir el circuito de agilidad), contando con la ayuda de un preparador físico, ya sea a distancia o presencial.

8. ¿Todas las pruebas son susceptibles de mejora?

Por supuesto. Si se entrenan correctamente, se progresará en cada una de las tres pruebas físicas. Puede haber alguna que cueste más trabajo, pero con esfuerzo y constancia se obtendrán mejores resultados.

9. ¿Qué ocurre si hay una prueba en la que no se mejora tanto como en las otras?

No pasa nada. Lo más importante será no tener cero puntos en ella. De esta forma, podrá hacer media con las otras pruebas, en las que se deberá puntuar lo máximo posible.

10. ¿Qué diferencias hay entre las pruebas físicas para acceso a la Escala Básica y las de la Escala Ejecutiva?

La única diferencia es a la hora de mediar la nota final de la oposición. En la Escala Básica, la nota de las pruebas físicas hace media con el resto de pruebas de aptitud.

En cambio, en la Escala Ejecutiva es suficiente con llegar a 15 puntos entre las tres pruebas físicas, sin haber sacado un cero en ninguna prueba. Es decir, esta puntuación no hará media con las otras pruebas de aptitud. Simplemente se considerará apto/a en las pruebas físicas.

CAPÍTULO 4

Conceptos fundamentales

En este capítulo se definen las palabras técnicas que se usan a lo largo del libro:

- **Aceleración**: capacidad de aumentar la velocidad de un cuerpo en cierto tiempo. Puede consistir en pasar de una situación sin movimiento a otra en la que se adquiere cierta velocidad. O bien, puede conllevar a un aumento de la velocidad actual, consiguiendo con ello una nueva velocidad mayor.

- **Ácido láctico**: sustancia que se forma en la sangre debido a la falta de oxígeno en los músculos al realizar un ejercicio físico de alta intensidad.

- **Alimentación**: ingestión de sustancias por parte de los organismos de los seres vivos para conseguir energía y desarrollarse. Puede ser objeto de fines nutricionales y psicológicos, implicando con estos últimos una simple satisfacción y obtención de sensaciones gratificantes.

- **Anabolismo**: proceso del metabolismo de construcción de moléculas grandes a partir de otras más pequeñas. Ejemplo: formación de proteína a partir de aminoácidos, con el fin de formar nuevas células.

- **Carga**: medida de trabajo de entrenamiento desarrollado. Se contabiliza por medio del volumen y la intensidad.

- **Catabolismo**: proceso inverso al anabolismo, en el cual hay una destrucción de moléculas grandes formándose moléculas más pequeñas. Esto sucede al estar muchas horas sin ingerir alimento, lo cual no es nada recomendable ya que se destruye tejido muscular o, al menos, no se favorece a su crecimiento.

- **Contracción (muscular)**: proceso fisiológico en el cual un estímulo previo hace que los músculos desarrollen tensión y se acorten (contracción isotónica concéntrica), se estiren (contracción isotónica excéntrica) o permanezcan en la misma posición (contracción isométrica). Ejemplo de contracción isotónica concéntrica: dominadas, flexión de brazos en barra (fase positiva o de subida). Ejemplo de contracción isotónica excéntrica: dominadas, extensión de brazos en barra (fase negativa o de bajada). Ejemplo de contracción isométrica: suspensión en barra.

Contracción del gemelo

– **Cualidades físicas básicas**: fuerza, resistencia, velocidad y flexibilidad.

– **Definición (muscular)**: pérdida de grasa corporal con fines estéticos (marcar más los músculos) o funcionales (estar más ligero para la realización de las pruebas físicas).

– **Densidad**: relación temporal entre la fase de trabajo y la de recuperación. Es el descanso que toma la persona para poder tener un mejor aprovechamiento de su actividad física. Ejemplo: un entrenamiento de 40 minutos de duración, de los cuales 5 minutos se han utilizado para descansar es un entrenamiento más denso que uno de la misma duración pero que ha tenido 10 minutos de descansos.

– **Deporte**: actividad física reglada (tiene normas) e institucionalizadas (esas normas están estandarizadas).

– **Duración**: tiempo en el que se desarrolla un ejercicio físico. Ejemplo: 20 minutos de carrera continua.

– **Ejercicio físico**: movimiento consciente y sistemático que mantiene y/o mejora la condición física y la salud.

– **Entrenamiento deportivo**: consiste en la ejercitación y preparación fisiológica para soportar cargas físicas que provocan una adaptación funcional o morfológica. Según Matvéiev, "el entrenamiento deportivo es la forma fundamental de preparación del deportista, basada en ejercicios sistemáticos y la cual representa, en esencia, un proceso pedagógicamente con el objeto de dirigir la evolución del deportista (su perfeccionamiento deportivo)".

– **Flexibilidad**: capacidad física básica que consiste en el estiramiento de los músculos del cuerpo. Ejemplo: de pie apoyando una pierna en un banco a 90º, paralela al suelo, hacer flexión de tronco inclinándose hacia delante (flexibilidad de los isquiotibiales).

Estiramiento para mejorar la flexibilidad

– **Frecuencia cardiaca**: pulsaciones por minuto que realiza el corazón para bombear sangre a los músculos. Ejemplo: 150 pulsaciones / minuto.

Frecuencia cardiaca máxima (FC máx.): dato teórico obtenido de la fórmula 220 – edad, con el cual se supone que las pulsaciones de un deportista no sobrepasarían de ese resultado ni con un gran esfuerzo (hay excepciones en muchas personas). A partir de este dato se aplican porcentajes para determinar intensidades de esfuerzo. Ejemplo: FC máxima de un chico de 20 años = 220 – 20 años = 200 pulsaciones por minuto. Carrera continua al 70 % de la FC máxima = 200 x 0.70 = 140 puls/min.

– **Fuerza (muscular)**: capacidad física básica que consiste en la superación de una resistencia externa o interna mediante una contracción muscular.

Ejercicio de fuerza superando una resistencia

– **Hipertrofia**: aumento de masa muscular. Se produce un ensanchamiento de los músculos, normalmente acompañado de una ganancia de peso corporal (no siempre libre de grasa).

– **Intensidad**: valor cualitativo del ejercicio físico, medido en esfuerzo muscular. Es el grado de concentración y dificultad de un ejercicio en una unidad de tiempo. Ejemplo: pulsaciones por minuto, velocidad (km/h), ritmo de carrera (4 minutos/km), grado de esfuerzo a la hora de realizar el circuito de agilidad, porcentaje de kg levantados respecto al máximo posible, grado de esfuerzo para llegar a las últimas repeticiones realizadas en una serie de dominadas o segundos en suspensión en barra, etc.

– **Mantenimiento**: fase de afianzamiento de los resultados obtenidos con una dieta y/o ejercicio físico, evitando así el efecto rebote y la regresión al peso y características corporales anteriores no deseadas (porcentaje de músculo y grasa).

– **Mecanismo de defensa**: forma en que el organismo trata de evitar un ataque. En términos de nutrición, se refiere al hecho preventivo de acumular grasa para utilizarla en un futuro como forma de energía en el caso de necesitarla y no disponer de ella. Esto es lo que sucede cuando se entra en fase catabólica (catabolismo) por estar demasiado tiempo sin ingerir alimento. Ejemplo: los osos se alimentan en exceso para prevenir la falta de ingesta de alimentos en los periodos de hibernación.

– **Metabolismo**: conjunto de reacciones y procesos sucedidos en las células y en el organismo que permiten diversas actividades: crecer, reproducirse, responder a estímulos, etc.

– **Nutrición**: aprovechamiento de los nutrientes, manteniendo el equilibrio interno del organismo.

– **Tasa metabólica basal**: valor mínimo de energía para que un organismo lleve a cabo las funciones vitales básicas: respiración, digestión, etc. Ejemplo: 1000 kilocalorías diarias gastadas en reposo (mujer de 30 años con 55 kilogramos de peso corporal).

– **Parcial**: tiempo que se tarda en recorrer una determinada distancia. Ejemplo: en una carrera de 1000 metros, con 5 parciales de 200 metros, podrían ser 50´´, 45´´, 48´´, 46´´ y 40´´.

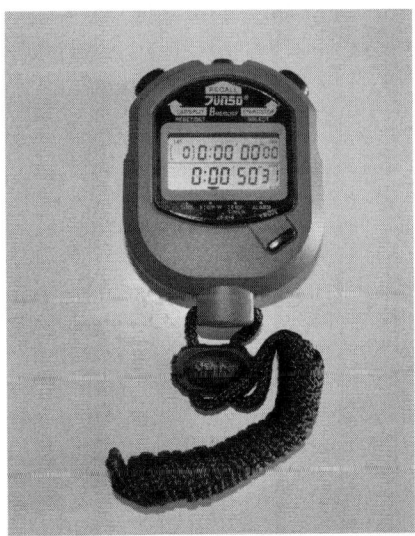

Parcial en un cronómetro

– **Parcial acumulado**: consiste en la suma del tiempo parcial que engobla el tiempo total para recorrer una determinada distancia. Ejemplo partiendo del resultado del ejemplo anterior: 50´´ (200 metros), 1´35´´ (paso por los 400 m), 2´23´´ (paso por los 600 m), 3´09´´ (paso por los 800 m) y 4´09´´ (paso por los 1000 m).

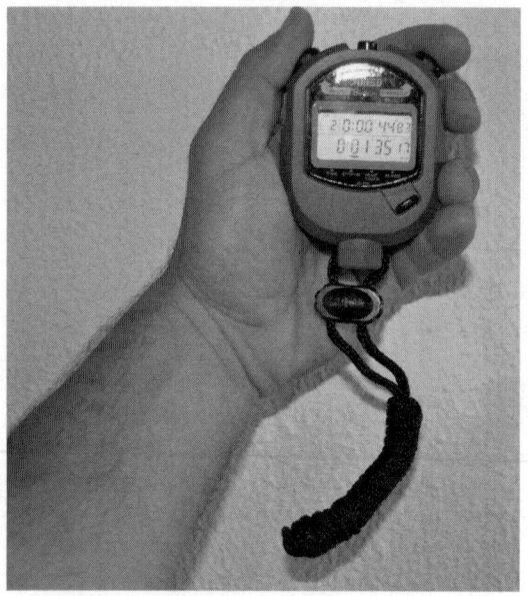

Parcial acumulado en un
cronómetro de mano

– **Planificación**: gestión para obtener un determinado objetivo a corto, medio o largo plazo.

– **Preparación deportiva**: "Proceso multifacético de utilización racional del total de factores (medios, métodos y condiciones) que permite influir de manera dirigida sobre el crecimiento del deportista y asegurar el grado necesario de su disposición a alcanzar elevadas marcas deportivas", planteando al proceso de entrenamiento como "la forma principal de poner en práctica la preparación de deportista basada en la ejercitación sistemática y la cual representa en esencia un proceso organizado pedagógicamente con el objeto de dirigir la evolución del deportista (su perfeccionamiento deportivo)", según Matvéiev.

– **Pulsómetro**: aparato que sirve para medir la frecuencia cardíaca contando las pulsaciones por minuto del corazón.

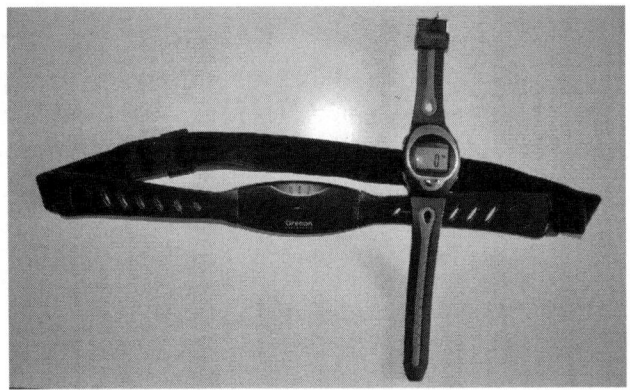

Pulsómetro con banda

– **Recuperación**: descanso producido entre ejercicios físicos, normalmente entre series. Hay dos tipos: pasiva (descansado de pie o sentado) y activa (caminando, trotando lentamente, haciendo abdominales, etc.). Ejemplo: 2 minutos entre series de 500 metros de carrera.

– **Repetición**: número de veces que se realiza un determinado ejercicio. Ejemplo: 10 dominadas.

– **Resistencia**: capacidad física básica que consiste en el mantenimiento de un esfuerzo físico durante el mayor tiempo posible.

– **Ritmo**: sucesión regular de movimientos que se repite en un periodo de tiempo determinado. Ejemplo: en una carrera de 10 km realizada en 50 minutos, el ritmo es 5 minutos cada km (ritmo medio).

– **Serie**: conjunto de repeticiones realizadas. Ejemplo: 10 dominadas componen 1 serie. 4 x 10 se referiría a 4 series de 10 repeticiones cada una (total 40 dominadas).

– **Somatotipo**: sistema diseñado para clasificar el tipo corporal o físico. Es utilizado para estimar la forma corporal y su composición. Se utiliza como instrumento en las evaluaciones de la aptitud física en función de la edad y el sexo.

– **Test**: realización de una prueba física con el fin de conocer su resultado. Ejemplo: test de suspensión en barra con resultado de 35 segundos de duración.

- **Velocidad**: capacidad física básica que consiste en desplazarse de un sitio a otro o mover una carga en una unidad de tiempo. Ejemplo: carrera continua a 10 km/hora.

- **Volumen**: valor cuantitativo del ejercicio físico, medido en distancia recorrida, tiempo de duración, número de repeticiones del circuito de agilidad, kg levantados, repeticiones realizadas, dominadas o suspensión en barra. Ejemplo: metros recorridos durante la carrera, dominadas realizadas, segundos suspendidos en barra, etc.

- **Vueltas**: referido al número de veces que se repite un circuito de ejercicios de musculación. Ejemplo: con 3 ejercicios (1, 2 y 3) y 12 repeticiones en cada uno. Si se habla de hacer 3 vueltas al circuito, se deberá realizar 12 repeticiones del ejercicio 1, 12 del ejercicio 2 y 12 del ejercicio 3. Así dos veces más por este orden, con el fin de completar el recorrido de 3 rondas.

CAPÍTULO 5

Cualidades físicas básicas

1. Introducción

Las cualidades físicas principales son las siguientes:

– Fuerza.

– Resistencia.

– Velocidad.

– Flexibilidad.

Existen otras cualidades pero son una combinación de estas últimas (agilidad, coordinación, etc.).

2. Fuerza

Consiste en la superación de una resistencia externa o interna mediante una contracción muscular.

Tipos:

– **Fuerza máxima**: realización de una contracción voluntaria que implica un desarrollo de la fuerza total de una persona. Puede ser estática o dinámica. Ejemplo: arrancada de halterofilia.

– **Fuerza veloz**: superación de una resistencia con una elevada rapidez de contracción. Ejemplo: lanzamiento de jabalina.

– **Fuerza resistencia**: capacidad para oponerse a la fatiga en el desarrollo repetido de fuerza. Ejemplo: natación.

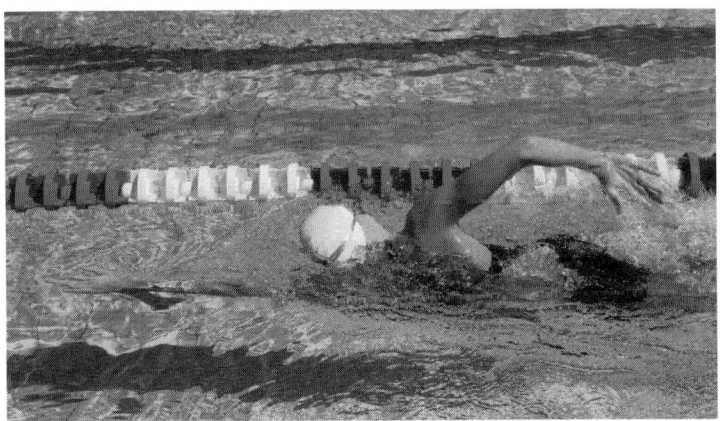

3. Resistencia

Es la capacidad física básica que consiste en el mantenimiento de un esfuerzo físico durante el mayor tiempo posible.

Tipos:

– **Resistencia aeróbica**: trabajo de larga duración y baja/media intensidad, con predominio de oxígeno suficiente. Ejemplo: carrera continua durante 45 minutos al 70 % de la FC Máxima.

– **Resistencia anaeróbica**: trabajo de más corta duración y alta intensidad, con abastecimiento de oxígeno insuficiente. Hay dos tipos:

   * Anaeróbica **láctica**, si se acumula ácido láctico en el músculo. Ejemplo: serie de 400 metros corriendo.

   * Anaeróbica **aláctica**, cuando no se acumula dicho residuo. Ejemplo: realización del circuito de agilidad.

🔖 Recuerda que...

El ácido láctico es una sustancia que se forma en la sangre debido a la falta de oxígeno en los músculos al realizar un ejercicio físico de alta intensidad.

4. Velocidad

Consiste en desplazarse de un sitio a otro o mover una carga en una determinada unidad de tiempo.

Tipos:

– **Velocidad de reacción**: capacidad de responder a un determinado estímulo en una unidad de tiempo. Ejemplo: comenzar el circuito de agilidad cuando suena la señal del examinador.

– **Velocidad de desplazamiento**: rapidez con la que se recorre una distancia. Ejemplo: carrera a 5 minutos/km.

– **Velocidad gestual**: cualidad que nos permite realizar un movimiento corporal en un determinado espacio de tiempo. Ejemplo: secuencia de golpes directos por parte de un boxeador.

5. Flexibilidad

Es la capacidad de elongación que tiene el cuerpo, en concreto los músculos y las articulaciones, sin llegar a dañarse.

Tipos:

– **Estática**: es la que se mantiene en el tiempo tras adoptar una determinada posición corporal. Ejemplo: estiramiento de cuádriceps llevando el talón al glúteo y aguantando la posición.

– **Dinámica**: consiste en la realización de rebotes llegando o pasando del rango de una articulación. Hoy en día está en desuso ya que se ha comprobado que puede producir lesiones. Ejemplo: estiramiento de los isquiotibiales de pie, a pies juntos, haciendo rebotes.

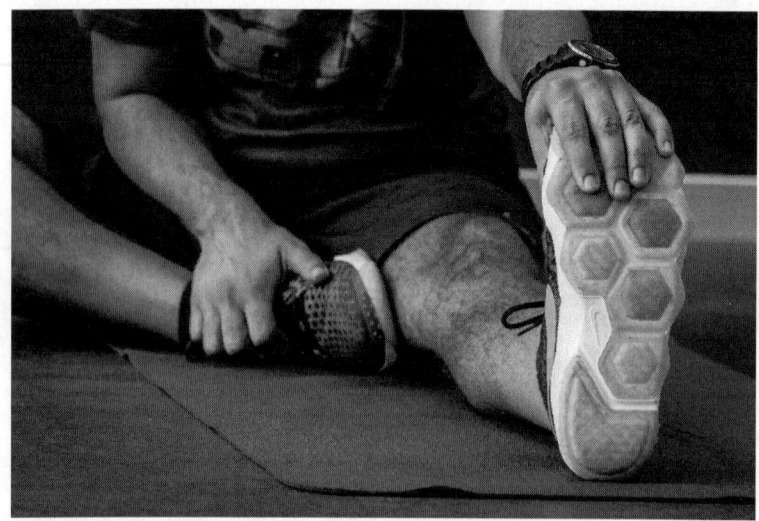

CAPÍTULO 6

Principios del entrenamiento deportivo

Índice

1. Introducción

Es conveniente tener una base teórica para comprender la planificación y organización de los contenidos de este libro. Para ello, se explicarán los nueve principios del entrenamiento deportivo.

Estos son importantes para tener éxito en el proceso del entrenamiento, evitando estancamientos, retrocesos, lesiones, etc.

2. Principio de individualidad

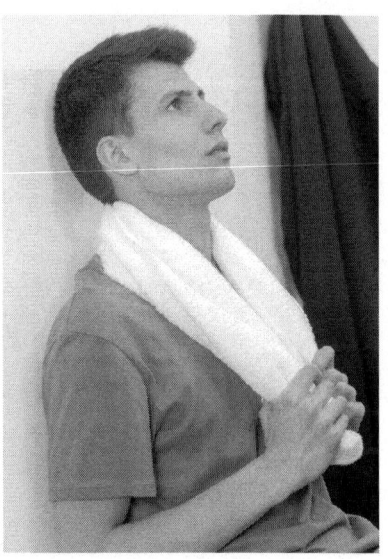

Cada persona asimila de forma distinta el mismo entrenamiento, ya que existen una serie de factores subjetivos:

- Herencia genética.

- Maduración de los huesos y músculos.

- Nutrición.

- Descanso y sueño.

- Nivel de condición física.

- Motivación.

3. Principio de adaptación

Es el proceso de **asimilación de la carga** de entrenamiento. Por medio de él, se producen mejoras en:

- La función del corazón, circulación y respiración.

- La fuerza y resistencia muscular.

- Los huesos, tendones y ligamentos.

4. Principio de sobrecarga

Una **carga de trabajo mayor a la que el cuerpo está acostumbrado** producirá una mejora del nivel de preparación del deportista.

Existen tres factores que influyen en el ritmo de mejora:

– Frecuencia.

– Intensidad.

– Tiempo de duración.

5. Principio de progresión

La intensidad, frecuencia y duración de los ejercicios debe **aumentarse poco a poco y de forma continua**.

Este principio también comprende la progresión de:

- Lo general... a lo específico.

- Las partes... a la totalidad.

- La cantidad... a la calidad.

6. Principio de la especificidad

Los efectos del entrenamiento serán propios y determinados según el sistema de energía, grupo muscular y tipo de movimiento de cada articulación que se trabaje.

El rendimiento mejora más cuando **el entrenamiento es especializado y concreto a la actividad**.

7. Principio de la variación

Un **programa de entrenamiento debe ser diferente** para evitar el aburrimiento y alcanzar resultados.

Deberá existir la siguiente alternancia:

Trabajo/Descanso...... Intenso/Ligero

No se debe trabajar con ritmo intenso todos los días de la semana. De 2 a 4 días por semana serían el máximo aconsejable. Los días de recuperación variarán entre el trabajo de ligera o moderada intensidad.

8. Principio del calentamiento y vuelta a la calma

El **calentamiento** debe preceder toda actividad intensa con el fin de:

- Aumentar la temperatura corporal.

- Incrementar el ritmo respiratorio y las pulsaciones.

A través de una **vuelta a la calma** con una ligera actividad después del trabajo intenso, se favorecerá la acción de bombeo de sangre y la renovación de los productos de desechos en la sangre (por ejemplo, la eliminación de ácido láctico acumulado).

9. Principio de entrenamiento a largo plazo

No se debe acelerar el proceso de entrenamiento deportivo. Hay que respetar las etapas de maduración del cuerpo humano. El buen camino implica un programa de entrenamiento a largo plazo, sin presiones ni especialización prematura.

10. Principio de acción inversa

Los efectos positivos del entrenamiento deportivo son reversibles. La mayoría de las adaptaciones logradas se pueden perder en menos tiempo del empleado para ganarlas.

Como ejemplo, se dice que se necesita tres veces más tiempo para ganar resistencia que para perderla. La fuerza desciende más lentamente, pero el hecho de no utilizarla causará atrofia aun en los músculos mejor entrenados.

 Sabías que...

Hay estudios que confirman que la condición física disminuye a un ritmo de cerca del 10 % por semana con descanso completo en la cama.

🗡 Recuerda que...

Los programas de entrenamiento deben diseñarse de acuerdo con los siguientes principios:

– Adaptarse a las diferencias individuales.

– El efecto de entrenamiento se establece cuando el cuerpo se ha adaptado a la sobrecarga del mismo.

– Hay que sobrecargar al deportista.

– Hay que utilizar progresiones.

– Los efectos de entrenamiento son específicos al tipo de estímulo que se utilice en las tareas.

– La adaptación se logra cuando el trabajo va seguido de descanso.

– El calentamiento y la vuelta a la calma deben ser parte del entrenamiento.

– No se debe acelerar el proceso de entrenamiento.

– Los efectos del entrenamiento son reversibles.

CAPÍTULO 7

Vías metabólicas de obtención de energía y nutrientes necesarios

1. Introducción

La energía (en forma de ATP) se puede obtener de los hidratos de carbono, de las proteínas y de las grasas. Además hay otros elementos coadyuvantes necesarios para vías de obtención de energía en nuestro organismo, como son determinados minerales (hierro, calcio, magnesio…) y vitaminas.

Existen tres vías metabólicas para la obtención de energía según el tipo de ejercicio que realicemos. Debemos saber que cualquiera que sea la actividad que se desarrolle, con la intensidad que sea, las tres vías metabólicas van a coexistir, pero en diferente proporción, predominando unas sobre otras.

2. Vía anaeróbica aláctica

Es capaz de proporcionar ATP de forma ultrarrápida. Es una vía metabólica en la cual el ATP ya está formado, y simplemente se tiene que realizar hidrólisis para obtener la energía.

No precisa de oxígeno (es una vía anaeróbica) ni de ningún sustrato energético (el ATP ya está formado).

Esta vía de obtención de energía predomina casi en exclusiva en esfuerzos de elevada intensidad (explosivos) y de corta duración. Por ejemplo: una carrera de 100 metros lisos, donde se necesita mucha energía, y de forma muy rápida.

Esta vía es muy limitada en cuanto a disponibilidad, ya que los "depósitos" se agotan, por lo que solo es útil para este tipo de ejercicios intensos y de corta duración.

Sprint

3. Vía anaeróbica láctica

En este caso, tampoco se precisa de oxígeno para producir ATP (es también una vía anaeróbica).

En cuanto a la velocidad de producción del ATP, es bastante rápida aunque no tanto como la vía anterior, en la que el ATP ya estaba formado.

Es cuantitativamente pobre en cuanto a producción de ATP, ya que por cada mol de sustrato (1 glucosa), se obtiene escasa cantidad de ATP. El sustrato necesario en este caso para la producción de ATP es la GLUCOSA.

En esta vía, como su propio nombre indica, se produce ácido láctico, que puede llevar a fatiga periférica o fatiga muscular.

Esta vía se emplearía en el caso de ejercicios que requieran de **esfuerzos de elevada intensidad**. El sustrato energético fundamental es la glucosa, y esta vía supone más del 50 % de la producción de ATP en este tipo de ejercicios que van a producir fatiga.

4. Vía aeróbica

En esta vía de obtención de energía se produce gran cantidad de ATP, por lo que cuantitativamente es muy importante. Pero ese ATP se produce de forma lenta, por lo que cualitativamente es pobre.

Precisa además necesariamente oxígeno (aeróbica) para la producción de ATP.

En este caso, se puede utilizar cualquier sustrato energético, no solo hidratos de carbono (glucosa), sino también grasas (en forma de ácidos grasos libres) y proteínas (en forma de aminoácidos).

Esta vía para la producción de energía predomina en el caso de esfuerzos que se toleran bien, realizados durante un tiempo prolongado, sin generar fatiga (**esfuerzos por debajo del umbral anaeróbico**). Puede utilizar como ya se ha dicho, tanto hidratos de carbono, como grasas, como proteínas. Aunque se debe saber que fundamentalmente utiliza grasas. Un ejemplo claro es andar.

Como norma general podemos clasificar los sustratos para la producción de energía por orden de importancia:

1. Hidratos de carbono.

2. Grasas.

3. Proteínas.

Caminar

CAPÍTULO 8

Músculos implicados en la ejecución de las pruebas físicas

1. Introducción

A continuación se explicará la acción muscular que se realiza en las tres pruebas físicas.

El cuerpo está formado por un conjunto de huesos, músculos y articulaciones.

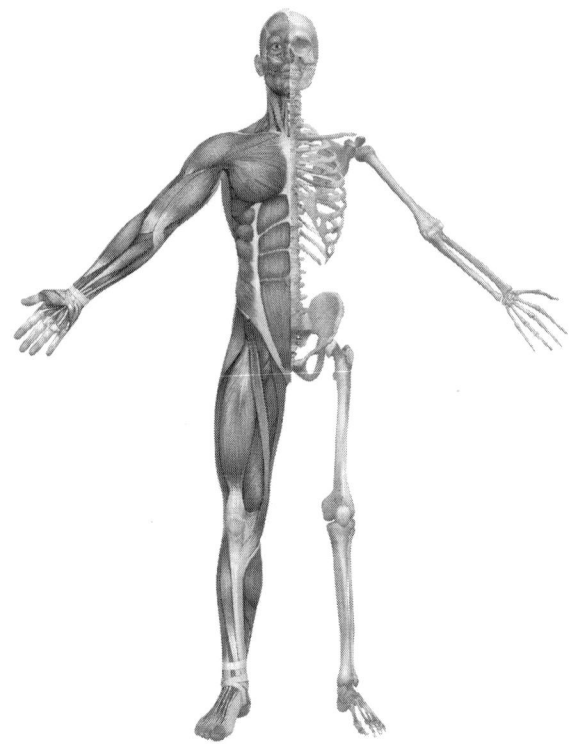

La columna vertebral sirve de sostén y nexo de unión entre el tren superior y el inferior. A través de ella, la cabeza, las extremidades superiores (brazos) y las inferiores (piernas) se unen con el tronco y conforman todo el conjunto de **huesos**.

Dichas extremidades están enlazadas por **articulaciones**, que a su vez se sostienen por medio de tendones y ligamentos.

Para mover todo el conjunto de huesos existen los **músculos** y, por medio de ellos, se puede realizar acciones como andar, correr, saltar, empujar, etc.

A continuación, se analizarán las principales partes del cuerpo humano que ayudarán a la realización de las tres pruebas físicas del proceso de selección para el ingreso en la Policía Nacional.

2. Circuito de agilidad

Dado que es un ejercicio de carrera esquivando obstáculos, actúan casi todas las partes del cuerpo.

A la hora de desplazarse trabajan los cuádriceps, isquiotibiales y gemelos.

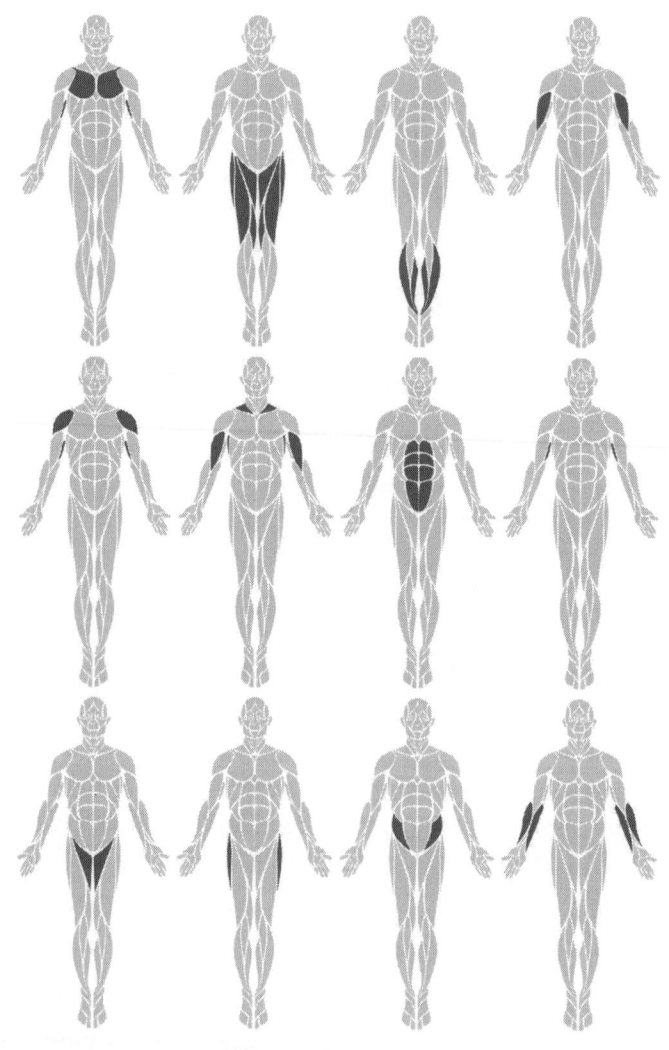

Los aductores se encargan de frenar en cada cono y valla, haciendo que el cuerpo cambie la dirección hacia el siguiente obstáculo.

Para pasar por debajo de la valla se utilizan los músculos extensores del tronco, pectoral y tríceps.

La zona central del cuerpo, abdominales y lumbares, interviene a la hora de saltar o pasar cada valla. Asimismo, también intervienen los cuádriceps, psoas ilíaco, isquiotibiales y gemelos.

3. Barra

3.1. Dominadas

Los principales músculos implicados son el dorsal ancho y el bíceps braquial.

También participan el braquial anterior, el supinador, la porción baja del dorsal ancho, el antebrazo y los flexores de los dedos.

Asimismo, los abdominales trabajan para mantener una buena posición corporal.

3.2. Suspensión en barra

Los principales músculos implicados son el dorsal ancho y el bíceps braquial. También participan el deltoides anterior, el antebrazo y los flexores de los dedos. Los músculos abdominales mantienen la postura correcta.

4. Carrera

A grandes rasgos, los músculos que van a intervenir en el buen desarrollo de esta prueba son los siguientes:

- **Principales**: cuádriceps, isquiotibiales y gemelos.
- **Secundarios**: psoas ilíaco y glúteo.

CAPÍTULO 9

Test de valoración anatómica

Índice

1. Índice de masa corporal (IMC)

El IMC es el índice de masa corporal y **relaciona el peso y la altura** mediante la siguiente fórmula:

$$\text{IMC} = \text{peso (kg)/altura}^2 \text{ (m)}$$

Del resultado de esta división salen los siguientes resultados e interpretaciones:

<16.00: infrapeso, delgadez severa.

16.00 - 16.99: infrapeso, delgadez moderada.

17.00 - 18.49: infrapeso, delgadez aceptable.

18.50 - 24.99: peso normal.

25.00 - 29.99: sobrepeso.

30.00 - 34.99: obesidad grado I.

35.00 - 40.00: obesidad grado II.

>40.00: obesidad grado II (mórbida).

En el **reconocimiento médico** del proceso de selección para el ingreso a Policía Nacional se exige estar entre los **valores 18 y 28**. Encontrarse fuera de estas cifras será una causa de exclusión del aspirante (a pesar de que este peso esté basado principalmente en masa muscular).

> 📌 **Recuerda que...**
>
> La densidad de la masa muscular es mayor que la de la masa grasa. Por lo tanto, aunque se pierda mucha grasa, si se gana músculo, el peso corporal puede seguir siendo el mismo o incluso mayor que antes.

Un **IMC bajo** se debe a la desnutrición y el cuerpo no obtiene la cantidad suficiente de nutrientes y energía que necesita. Esto puede ocasionar problemas como:

- anemia,

- desequilibrios hormonales,

- poca densidad ósea promoviendo la aparición de osteoporosis,

- bajas defensas en el sistema inmunológico,

- problemas cardíacos…

Asimismo, pueden aparecer diversos síntomas como el déficit de energía, problemas para conciliar el sueño, frecuentes enfermedades, estreñimiento, dolor de pecho y palpitaciones cardíacas.

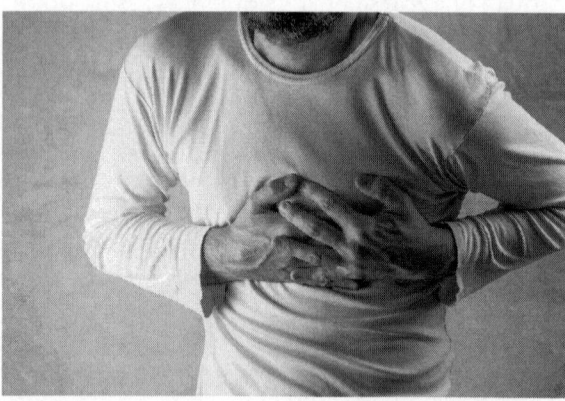

Un **IMC alto** puede derivar en los siguientes problemas:

- Enfermedades coronarias.

- Infarto cerebral.

- Alteración de los niveles de los lípidos (por ejemplo, triglicéridos y colesterol LDL alto, colesterol HDL bajo, etc.).

- – Trastorno respiratorio produciendo apnea del sueño.

- – Cáncer de colon, de mama y de endometrio.

- – Tensión arterial alta.

- – Diabetes mellitus (tipo II o no insulinodependiente).

- – Artrosis.

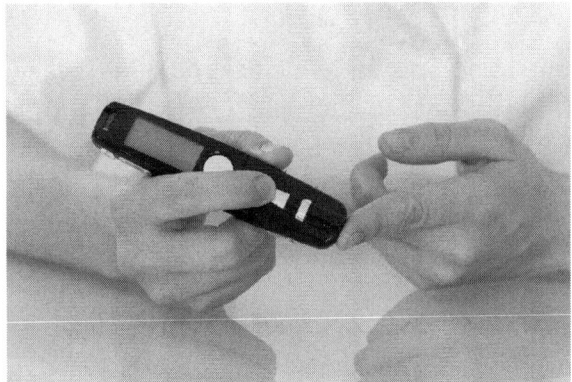

2. Índice cintura-cadera (ICC)

Para evitar el error de fijarse solo en la báscula, se deben realizar mediciones de **perímetros corporales** significativos de **cintura y cadera** (para más información, se podrían medir el pectoral, brazo y la pierna). De esta forma, se obtienen más datos a la hora de controlar la morfología corporal.

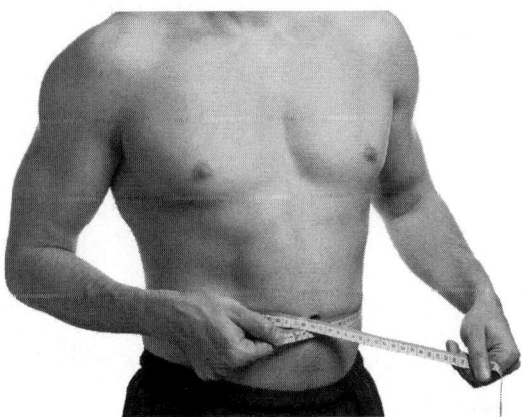

Las mediciones se pueden realizar con una cinta métrica (de costurera o de carpintero). Hay que rodear todo el contorno de la zona, con el fin de saber el perímetro corporal. Una vez obtenido los valores de la cintura y de la cadera, se deben usar en la siguiente fórmula:

ICC = cm de cintura / cm de cadera

- ICC = 0,71-0,84 normal para mujeres.

- ICC = 0,78-0,94 normal para hombres.

Valores mayores: síndrome androide (cuerpo de manzana). Suele darse en hombres con exceso de peso y un gran acúmulo de grasa en la zona abdominal. También aparece en esa zona en mujeres con menopausia.

Valores menores: síndrome ginecoide (cuerpo de pera). Suele darse en mujeres con exceso de peso y un gran acúmulo de grasa en la zona de las caderas y glúteos.

Ambos resultados fuera de valores conllevan un riesgo similar al producido por tener un IMC alto.

3. Somatotipo

 Recuerda que...

Como se comentaba en el capítulo 3, el somatipo es un sistema diseñado para clasificar el tipo corporal o físico. Es utilizado para estimar la forma corporal y su composición. Se utiliza como instrumento en las evaluaciones de la aptitud física en función de la edad y el sexo.

Para tener una idea del somatotipo que tiene cada sujeto, Thibadeau hace la siguiente clasificación:

- **Ectomorfo**: huesos pequeños, delgado, cuerpo longilíneo, baja masa muscular.

- **Endomorfo**: huesos grandes, excesiva grasa, moderada a gran masa muscular.

- **Mesomorfo**: gran masa muscular, baja a moderada grasa, huesos grandes.

Para saber el **tipo de constitución** que tiene cada opositor, existe la siguiente prueba: rodear la muñeca izquierda con los dedos pulgar e índice de la mano derecha. En función del resultado, se obtendrá el tipo de constitución ósea:

- **Normal**: las puntas de los dedos se tocan.

- **Gruesa**: las puntas de los dedos no se tocan.

- **Fina**: los dedos se tocan y además se pueden montar uno sobre el otro.

CAPÍTULO 10

Test inicial antes de comenzar la preparación

1. Introducción

Es importante una primera **autoevaluación** de cara a saber el punto de partida del opositor. Así, en función de los resultados obtenidos en cada una de las tres pruebas físicas, el opositor podrá elegir el programa más adecuado. Cada aspirante al ingreso a Policía Nacional tiene un nivel diferente. No importa cuál sea, con esfuerzo y dedicación se consigue mejorar el resultado inicial. Habrá opositores que destacarán más en unas pruebas que en otras, pero todas son mejorables.

A continuación se explicará cómo **realizar de forma fiable y segura** cada una de las tres pruebas.

Vista general de la zona donde se realizan las pruebas físicas a cubierto

2. Primera prueba: circuito de agilidad

Es una prueba que evalúa la flexibilidad, la coordinación, la agilidad, la velocidad de reacción y la de desplazamiento. Para tener un buen resultado en su realización, no solo es necesario ser veloz sino también habrá que tener cierta habilidad para girar, frenar, agacharse, saltar, etc.

Para la construcción del circuito, bastará con ocho picas de madera o plástico, seis conos y cuatro bridas. Otra opción es usar ocho palos de escoba, seis botellas grandes llenas de arena o tierra y cuatro cuerdas pequeñas.

Hay muchas formas de preparar el circuito de agilidad. Lo importante es que cumpla las medidas que aparecen en la base de la convocatoria (ver imagen página 16 del presente libro). Más adelante, en el capítulo 16, se explica la técnica adecuada para llevar a cabo de forma segura el circuito de agilidad.

Circuito "casero"

Esta es la **única prueba** en la que se permiten **dos intentos** pero solo si el candidato derriba algún banderín o valla, o bien se equivoca en el recorrido. Debemos ajustar el recorrido para realizar los menores metros posibles pero sin correr el riesgo de derribo. Hay que tener en cuenta que los objetos que delimitan el recorrido tienen una superficie de apoyo pequeña y cualquier contacto podrá producir un derribo del material del circuito de agilidad. La mayoría de opositores arriesgan en el primer intento y, si hacen nulo, van a asegurar en la segunda oportunidad.

El tipo de suelo en el que se realiza el circuito de agilidad es parquet. Hay que tener en cuenta que si se practica esta prueba en un terreno que agarre más (como cemento), el día de la prueba habrá que tener en cuenta que el parquet es una superficie más resbaladiza.

Desarrollo de la prueba oficial de circuito

MAD

▶ Vídeo recomendado

- **Test de circuito de agilidad**:
  https://www.youtube.com/watch?v=acog17YSsoo&feature=youtu.be

CIRCUITO DE AGILIDAD

3. Segunda prueba

3.1. Dominadas (hombres)

Es una prueba que evalúa la fuerza de los miembros superiores, principalmente dorsal ancho y bíceps braquial; en menor medida, intervienen el braquial anterior, el antebrazo y los flexores de los dedos.

También será importante tener un buen tono muscular en los músculos abdominales y lumbares, con el fin de lograr mantener una buena postura corporal a la hora de realizar las repeticiones. Si la zona central del cuerpo está tonificada, será de gran ayuda a la hora de mantener el cuerpo alineado.

Se trata de una serie de contracciones isotónicas en las que hay una fase concéntrica (subida) en la que los músculos se acortan, y otra fase excéntrica (bajada), en la que estos se estiran.

Para realizar el test se necesitará una barra recta paralela al suelo con la distancia suficiente para que, una vez agarrada con ambas manos y teniendo brazos y piernas extendidos, los pies no toquen el suelo.

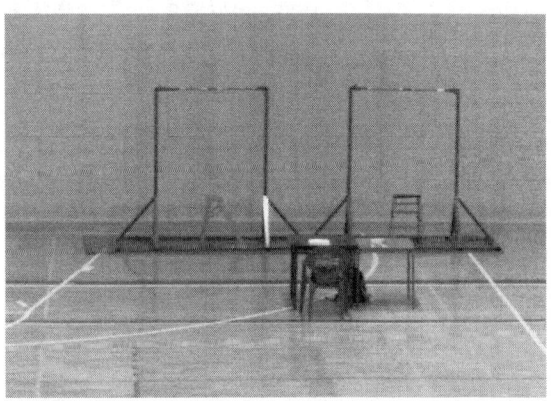

Barras empleadas en las pruebas físicas oficiales

La barra deberá estar a una distancia suficiente del suelo como para no tocar con los pies en el mismo una vez suspendidos mediante el agarre de manos. Se podrá alcanzar dicha barra haciendo un salto o subiéndose a una silla (o escalera). En ninguno de los dos casos se deberá sacar beneficio de ello. La posición inicial será con el cuerpo en suspensión, brazos extendidos y piernas extendidas o ligeramente flexionadas. Se deberá empezar el movimiento desde una posición completamente estática y con los brazos totalmente extendidos.

La prueba comenzará cuando el examinador dé la señal, una vez compruebe que el opositor está preparado en la posición inicial. Por lo general, las repeticiones serán contadas en voz alta. Cada vez que una repetición no sea correcta puede que el examinador repita el número de la anterior dominada, significando ello que la actual ha sido nula.

Aspirantes examinándose de dominadas

Motivos por los cuales **no serán contabilizadas** las flexiones de brazos en barra:

- Tocar el suelo a la hora de realizar la primera dominada o cualquiera de las posteriores.

- Tocar la silla o escalera cuando empiece el movimiento ascendente de cualquier dominada.

- Aprovechar el impulso del salto para hacer la primera dominada.

- Tocar la barra con la barbilla.

- Elevar las piernas a la hora de subir.

- No extender completamente los brazos en la fase negativa (de bajada), una vez que se vaya a empezar la siguiente dominada.

- No pasar la barbilla por completo por encima de la barra, quedando esta a la altura del tercio inferior del cuello.

– No llevar la vista al frente, buscando estirar el cuello para que la barbilla sobrepase la barra antes de tiempo.

– No realizar una mínima pausa entre cada repetición para evitar el efecto del ciclo de estiramiento-acortamiento.

– Soltarse de la barra con ninguna de las manos durante la prueba, ni permanecer más de 5 segundos suspendido entre cada repetición.

– Realizar la prueba descalzo, usar guantes, objetos ni sustancias que faciliten el agarre.

El **agarre** debe ser en **pronación**, es decir, con el dorso de las manos hacia el opositor.

La **distancia entre manos** es siempre ligeramente superior a la anchura de los hombros del opositor y hay que tener en cuenta lo siguiente:

– A mayor separación, menor recorrido. Con este agarre habrá más implicación del dorsal ancho y menos del bíceps.

– A menor separación entre manos, mayor recorrido. Así disminuye algo la implicación del dorsal y aumenta la del bíceps.

Para saber qué distancia conviene más a cada opositor, habrá que experimentar con diversas medidas y elegir la que menor esfuerzo suponga para producir un mejor resultado.

Dominadas con agarre ancho   **Dominadas con agarre estrecho**

Vídeo recomendado

- **Dominadas**:
  http://youtu.be/POiA-X_sSNI

 Recuerda que...

Para que sean contabilizadas el total de dominadas, estas se deberán hacer con una buena técnica. Tanto a la hora de realizar la prueba como en los entrenamientos, es aconsejable mantener una buena posición corporal cumpliendo una serie de normas y no cogiendo malas costumbres:

– Evita balanceos e inercias que ayuden. La fuerza hay que hacerla con los brazos sin ayudarse de un movimiento de latigazo.

– Al subir, pasa completamente la barbilla por encima de la barra, sin llegar a tocarla con la misma.

– Tampoco se deberán elevar las rodillas.

– Al bajar es obligatorio extender los brazos por completo para que sea considerada una repetición correcta.

| *Causa eliminatoria: apoyo de barbilla en la barra* | *Causa eliminatoria: elevación de piernas provocando latigazo* | *Causa eliminatoria: ausencia de extensión de brazos* |

3.2. Suspensión en barra (mujeres)

Es una prueba que evalúa la fuerza de los miembros superiores, principalmente dorsal ancho y bíceps; en menor medida, intervienen el deltoides anterior, el antebrazo y los flexores de los dedos.

Con el fin de lograr mantener una buena postura corporal a la hora de realizar las repeticiones, será importante tener un buen tono muscular en los músculos abdominales y lumbares. Si la zona central del cuerpo está tonificada, será de gran ayuda a la hora de mantener el cuerpo alineado.

Se trata de una contracción isométrica, es decir, no hay movimiento muscular pero sí una gran exigencia de fuerza estática. Será condición indispensable tener una buena resistencia muscular para aguantar durante un tiempo en la posición del cuerpo en suspensión.

Para realizar el test se necesitará una barra recta paralela al suelo con la distancia suficiente para que, una vez agarrada con ambas manos, teniendo los brazos flexionados y las piernas extendidas, los pies no toquen el suelo. El mentón deberá estar por encima del nivel de la barra.

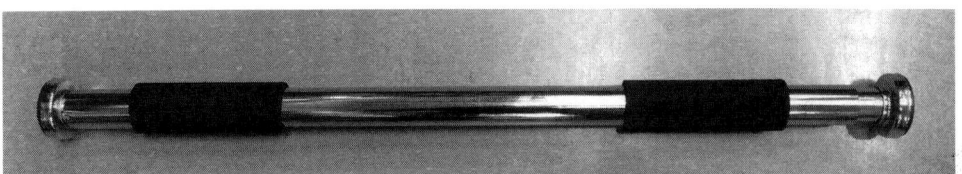

Barra extensible para colocar entre los marcos de una puerta, por ejemplo

La barra deberá estar a una distancia suficiente del suelo como para no tocar con los pies en el mismo una vez suspendidos mediante el agarre de manos. Se podrá alcanzar dicha barra haciendo un salto o subiéndose a una silla (o escalera). En ninguno de los dos casos se deberá sacar beneficio de ello. La posición inicial será con el cuerpo en suspensión, brazos flexionados y piernas extendidas o ligeramente flexionadas. Lo más importante será permanecer en todo momento con la barbilla por encima de la barra, teniendo el cuello recto.

La prueba comenzará cuando el examinador dé la señal, una vez compruebe que la opositora está preparada en la posición inicial. Por lo general, el tiempo será contado en voz alta cada 10-20 segundos.

Barras y escalera a utilizar

Aspirantes examinadas de suspensión en barra

El **agarre** debe ser **en supinación**, es decir, con la palma de las manos hacia la opositora.

La **distancia entre manos** es a libre elección pero hay que tener en cuenta lo siguiente:

- A mayor separación, más difícil será juntar los codos contra los costados del cuerpo.

- A menor separación entre manos, mayor flexión lateral de muñecas, haciendo de ello una postura incómoda.

Para saber qué distancia conviene más a cada opositora, habrá que experimentar con diversas medidas y elegir la que mayor comodidad y menor esfuerzo suponga, obteniendo con ello un mejor resultado.

Posición correcta de suspensión en barra

Motivos por los cuales **será detenido el cronómetro**:

– Apoyar la barbilla en la barra.

– Hiperextender el cuello hacia atrás con el fin de mantener la barbilla por encima de la barra.

– Descender con la barbilla por debajo del nivel de la barra.

– Flexionar la cadera.

– Realizar oscilaciones o balanceos con el cuerpo.

– Soltarse de la barra con alguna de las manos.

Causa eliminatoria: extensión del cuello

4. Tercera prueba: carrera de 1.000 metros

Consiste en una prueba que evalúa la **resistencia aeróbica y anaeróbica** por medio de una carrera a pie de dos vueltas y media a una pista de atletismo (medida oficial: 400 metros).

Debido al tiempo que puede durar la carrera de 1.000 metros, los suministros de energía suelen ser ATP, fosfocreatina, glucógeno muscular y hepático. Intervienen en menor medida las grasas ya que es una carrera de corta duración. Como hay un gran consumo de oxígeno (VO_2) y una acumulación de dióxido de carbono (CO_2), dado el elevado ritmo de carrera, aparecerá una sustancia limitante en el rendimiento llamada ácido láctico.

Fuentes	Vías de formación	Tiempo inicio	Plazo acción	Duración de liberación
Anaerobia Aláctica	CrP, ATP Muscular	0	30"	10 "
Anaerobia lactácida	Glucólisis (reserva glucógeno)	15 - 20"	30" - 5 - 6 - min.	30 " - 1 min. 30 "
Aeróbico	Oxidación, HC, grasas	90 - 180"	Hasta varias horas	2 - 5 min.

Sistemas energéticos y sus principales características,
según Pancorbo (2002)

Con el fin de **entrenar el factor psicológico** de dar vueltas en un mismo recorrido, en vez de correr en línea recta variando el paisaje, es importante realizar el test de la misma forma.

Puede llevarse a cabo en una pista de atletismo o en otra zona. Lo importante es que la vuelta mida 400 metros aproximadamente. Hay parques con distancias ya medidas. También se puede calcular la distancia mediante un programa informático en una foto satélite de internet, a ser posible con forma ovalada (mejor que completamente redonda) ya que la pista donde se realizarán las pruebas físicas oficiales tiene esta forma de elipse.

Salida en grupo a la pista de atletismo para realizar la prueba de carrera

Es preferible entrenar la carrera por tierra o hierba para **evitar lesiones por sobrecarga** y que los impactos sobre el suelo no tengan tanta repercusión sobre las articulaciones de cadera, rodilla y tobillo.

Una excepción puede ser el día que se realice el test mensual, que será preferible que se haga en una pista de atletismo, como el día de la prueba oficial.

Entrenamiento de carrera en terreno blando (tierra de un parque)

Para la mejora de esta prueba se emplean ejercicios de musculación de todo el cuerpo, incluido el tronco (abdominales, lumbares, flexiones, etc.).

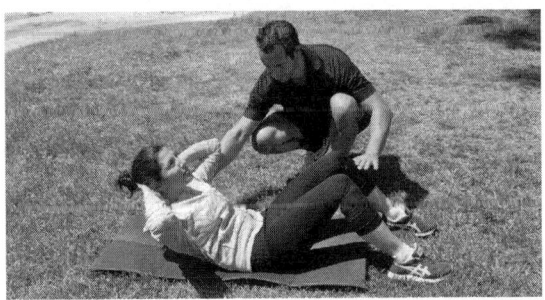

Entrenamiento de abdominales para la mejora en carrera

Sabías que...

Un récord que llevaba años sin batirse en maratón se superó por el uso de ejercicios de musculación y pesas. Para la mejora de la carrera es importante el trabajo muscular y no solo aeróbico.

▶ Vídeo recomendado

- **Carrera al aire libre por terreno blando**: http://youtu.be/lYgn7hGGm64

Examen de carrera de 1.000 metros

Para tener una referencia inicial, hay que finalizar la carrera completando el recorrido. De lo contrario, no se podría obtener el tiempo total que se ha tardado en recorrer esos 1.000 metros. Parece muy obvio pero personas que no están acostumbradas a correr, no son capaces de realizar esa distancia si han empezado con un ritmo demasiado alto. Si es necesario, se puede reducir el ritmo y caminar, no llegando a pararse nunca. Una vez recuperado, se podrá aumentar la marcha andada hasta alcanzar la modalidad de carrera para conseguir llegar al final.

Una buena información del ritmo de carrera implicaría apuntar los tiempos al pasar por la marca de los 200, 400, 600 y 800 metros (al menos de los 400 y 800 metros). De esta forma, se tendrían varias referencias para regular el ritmo al correr, no cansarse antes de tiempo ni, por el contrario, acabar la carrera sin haber usado todo el potencial aeróbico y anaeróbico.

Hay que saber analizar qué es lo más conveniente. Se puede empezar con un ritmo moderado y, progresivamente, ir aumentándolo; también se puede comenzar con ritmo alto y aguantar como bien se pueda. Esta última opción no es aconsejable si no se ha realizado un buen calentamiento ya que, de lo contrario, pueden aparecer efectos adversos como tirones, flatos, hiperventilación causada por no adaptarse a la subida de pulsaciones repentina, etc.

Al correr con más opositores, la forma fiable de **controlar el ritmo de los parciales** es mediante un reloj con cronómetro para comprobar los parciales que se van realizando. Esto servirá para no ir demasiado rápido si hay alguien que marca un ritmo de carrera demasiado elevado, o bien para no ir demasiado despacio si el ritmo de carrera general es más lento que el del aspirante en sí.

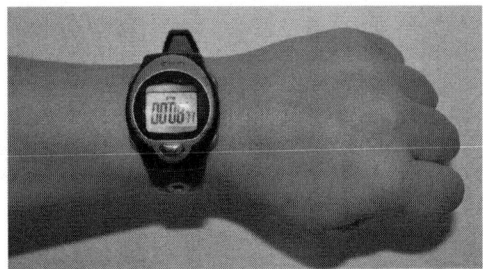

Cronómetro

> ⚡ Recuerda que...
>
> Es imprescindible acabar el recorrido de 1.000 metros para tener una referencia inicial con este test.

CAPÍTULO 11

Interpretación de los test: nivel de condición inicial

Lo primero a tener en cuenta es el estado de forma física actual. Para ello, el opositor deberá realizar un test inicial con el cual obtendrá una puntuación tras haber sumado el resultado de las tres pruebas físicas.

> ### ⚡ Recuerda que...
>
> Se deberá conseguir al menos un punto en cada prueba para que haga media con el resto. Si hay alguna nota baja se deberá compensar con el resto de pruebas físicas para que la media sea de 5 puntos, al menos.

El test inicial es importante para que el usuario conozca su **estado físico de partida** y saber cómo adaptar los entrenamientos a ese nivel. Para evitar resultados indeseados, se recomienda elegir exactamente el entrenamiento correspondiente a dicho nivel. El hecho de elegir un nivel mayor no implica una mayor mejora, sino todo lo contrario. Puede llegar a haber un gran riesgo de lesión y, si esto sucede, conllevará un retroceso en el estado de la forma física hasta el momento. Cada aspirante tendrá que **entrenar en base a sus notas en primera instancia** e irá mejorando para llegar con una buena puesta a punto al día de las pruebas físicas oficiales.

Puntuación Prueba	0 - 1 puntos	2-3 puntos	4-6 puntos	7-8 puntos	9-10 puntos
Circuito	Nivel muy bajo	Nivel bajo	Nivel medio	Nivel alto	Nivel muy alto
Barra	"	"	"	"	
Carrera	"	"	"	"	

Nivel de forma física, relacionando la prueba realizada y el resultado obtenido

Ejemplo: opositora con los siguientes resultados en el test inicial:

- Circuito: 11,4 segundos (2 puntos = nivel bajo).

- Barra: 30 segundos (0 puntos = nivel muy bajo).

- Carrera: 3 minutos 50 segundos (7 puntos = nivel alto).

Tras saber el nivel en cada una de las pruebas, el opositor podrá **elegir la carga de los entrenamientos** en los programas que se incluyen en el presente libro. Ejemplo: un entrenamiento de carrera para alguien que ha obtenido 1 punto en un test de 1.000 metros (nivel muy bajo), será distinto de otro entrenamiento de un opositor con una puntuación de 6 (nivel medio). El primero necesitará caminar a ritmo medio para aguantar el tiempo indicado (p. ej. 40 minutos) y el segundo podrá realizar ese mismo tiempo corriendo a ritmo alto.

Es conveniente que cada uno elija el entrenamiento según su nivel. De lo contrario, si eligiese un nivel mayor podría lesionarse. Si el nivel de entrenamiento elegido fuese menor que el que le corresponde, no mejoraría o incluso podría empeorar su rendimiento actual. Con esta guía se podrá avanzar de forma segura y afianzando los resultados.

CAPÍTULO 12

Nutrición y suplementos deportivos

1. Introducción

Es un hecho más que demostrado el que la alimentación de un deportista va a influir mucho en su **rendimiento deportivo**. Si se suministran los nutrientes necesarios para el buen funcionamiento del organismo, las posibilidades de éxito se multiplican. Por ello es muy importante consumir una **dieta sana y equilibrada**. El entrenamiento no causará el mismo efecto si no se acompaña con una buena alimentación.

Dulces, bollería, snacks: consumo ocasional

Actividad física: 30 minutos al día

Bebidas alcohólicas: con moderación

Aceites y grasas: con moderación

Carne, pescado, aves y huevos: consumo semanal

Lácteos: consumo diario

Verduras y frutas: consumo diario

Féculas: consumo diario

Agua: a voluntad, un mínimo de 2 litros al día

Habrá opositores que necesiten adelgazar para estar más ligeros a la hora de realizar las pruebas físicas. A otros, en cambio, les vendrá bien ganar un poco de peso corporal y masa muscular para tener la suficiente fuerza y energía para lograr el éxito. Quienes ya tienen un peso adecuado, pueden **formar masa muscular y perder grasa corporal** para que su cuerpo sea más eficiente.

A continuación se citan unas pautas y dietas tipo para los diferentes casos de opositores. Se tomará como referencia un hombre adulto de 70 kg de peso corporal.

2. Caso 1: opositor que necesita reducir su peso

El hecho de que un aspirante a Policía Nacional tenga exceso de peso no es conveniente porque será más lento y menos ágil a la hora de realizar las pruebas físicas.

Las recomendaciones para este tipo de opositor son:

– Debe procurar que no pasen más de 3 horas entre una comida y otra, así logrará hacer 5-6 comidas diarias y mantener en constante funcionamiento su metabolismo. Cuando se suministran alimentos al organismo cada mucho tiempo (periodos de muchas horas sin comer), este los acumula en forma de grasa como mecanismo de defensa para "sobrevivir" sin alimento mientras tanto.

  Otra ventaja de hacer un mayor número de comidas es que, con cada digestión, el cuerpo "quema" calorías.

– Si alguna vez siente mucha hambre antes de hacer una comida, deberá tomar una manzana acompañada de dos vasos de agua con el fin de saciar el exceso de apetito. Esto provocará saciedad y evitará la ansiedad, comer demasiado rápido y atiborrarse de alimentos.

– Debe evitar consumir hidratos de carbono (pasta, arroz, pan, patata…) en las horas previas a acostarse, ya que estos se acumulan en forma de grasa si no se queman por estar en un estado de reposo. Las dos comidas anteriores a dormir deberían estar basadas en proteínas (carne, pescado, huevos). Pueden ir acompañadas de ensalada o verdura.

– Es muy importante beber al menos 2 litros de agua diarios, sobre todo entre comidas. Al ingerir mucha proteína, el cuerpo necesita agua para filtrarla. Cuando se tome algo fuera de casa, se debe elegir bebidas bajas en calorías y sin gas: té sin azúcar, zumo natural recién exprimido o alguna bebida isotónica.

– Debido a la consiguiente retención de líquidos, deberá reducirse la ingesta diaria de sal y de alimentos que la contengan en exceso (cubitos de caldo de carne o pescado, mostaza, patatas fritas, frutos secos, bacalao salado, salsa de soja, galletas saladas, anchoas en aceite…).

– Los dulces están prohibidos (bollería, chocolate, azúcar refinado, chucherías, pasteles, tartas, etc.).

– Evitar el pan en las comidas principales.

– Cocinar al horno, al vapor, cocido, a la parrilla y la plancha con el mínimo aceite y siempre de oliva (echando una cucharadita en la sartén y restregándolo con una servilleta).

– Es aconsejable comer 4-5 raciones diarias de frutas y verduras.

– Es preferible usar sacarina en vez de azúcar.

– No utilizar salsas ni aceite para aderezar la comida; solo limón, una pizca de sal y vinagre (no crema balsámica).

– Se recomienda tomar una infusión después de la comida y cena (té, cola de caballo, diente de león...). Tienen propiedades digestivas y diuréticas.

– Se puede hacer una comida que no sea de dieta a la semana, pero en cantidad moderada.

– Para conseguir aún más resultados, se recomienda el uso de algún suplemento como un quemador de grasa, l-carnitina...

– Es muy importante ingerir una comida extra que sea rica en proteína justo después de entrenar. La razón es que el cuerpo está en fase de catabolismo y tiene mayor facilidad de asimilación de nutrientes y repara los músculos favoreciendo la recuperación entre entrenamientos (puede ser un suplemento de batido de proteína o el equivalente en alimentos). Para dicha ingesta, se recomienda que no pase más de media hora tras finalizar el entrenamiento.

	Lunes	Martes	Miércoles	Jueves	Viernes	Sábado	Domingo
Desayuno	Leche con cereales	Zumo natural y tostada jamón	Leche con cereales	Zumo natural y tostada jamón	Leche con cereales	Zumo natural y tostada jamón	Leche con cereales
Almuerzo	Sandwich pavo y 2 frutas	Sandwich pavo y 2 frutas	Sandwich pavo y 2 frutas	Sandwich pavo y 2 frutas	Sandwich pavo y 2 frutas	Sandwich pavo y 2 frutas	Sandwich pavo y 2 frutas
Comida	Ensalada y arroz con pollo	Legumbres y pescado a la plancha	Ensalada y pasta con verduras	Legumbres y pescado cocido	Verduras y patatas con carne	Ensalada y pescado a la plancha	Verduras y pavo al horno
Merienda	Lata atún y 2 frutas	2 claras cocidas y 2 frutas	Lata atún y 2 frutas	2 claras cocidas y 2 frutas	Lata atún y 2 frutas	2 claras cocidas y 2 frutas	Lata atún y 2 frutas
Cena	Puré verduras y tortilla de 3 claras	Ensaladas y carne a la plancha	Puré de hortalizas y pescado a la plancha	Menestra verduras y tortilla de 3 claras	Ensaladilla y pollo a la plancha	Puré verduras y tortilla de 3 claras	Caldo de pollo y pescado a la plancha

Ejemplo de dieta de 2.000-2.200 kilocalorías para adelgazar y perder grasa dirigido a un sujeto con un mayor gasto calórico

3. Caso 2: opositor que necesita aumentar su peso

Una extrema delgadez también es perjudicial a la hora de superar con éxito las pruebas físicas ya que es conveniente tener energía y una buena masa muscular para realizar los entrenamientos.

Las recomendaciones que este tipo de opositor debe tener en cuenta son:

– Debe procurar que no transcurran más de 3 horas entre una comida y otra. Así logrará hacer 5-6 comidas diarias y evitar la fase catabólica (destrucción del músculo) y se promoverá la anabólica (creación de masa muscular) al tener un suministro de nutrientes constante.

– Debe aumentar la cantidad de calorías diarias por medio de la ingesta de hidratos de carbono compuestos (pasta, arroz, pan, patata…) y, sobre todo, de proteínas (carne, pescado, huevos, legumbres...).

– Es muy importante beber al menos 2 litros de agua diarios, sobre todo entre comidas. Al ingerir mucha proteína, el cuerpo necesita agua para filtrarla. Cuando se tome algo fuera de casa, se debe elegir bebidas bajas en calorías y sin gas: té sin azúcar, zumo natural recién exprimido o alguna bebida isotónica.

- La comida anterior a acostarse debería ser rica en proteínas y, si contiene hidratos de carbono, que sea poca cantidad ya que estos se acumulan en forma de grasa por inactividad de las posteriores horas.

- Debido a la consiguiente retención de líquidos, deberá reducirse la ingesta diaria de sal y de alimentos que la contengan en exceso (cubitos de caldo de carne o pescado, mostaza, patatas fritas, frutos secos, bacalao salado, salsa de soja, galletas saladas, anchoas en aceite…).

- Se recomienda cocinar al horno, al vapor, cocido y la plancha con el mínimo aceite (siempre de oliva).

- Se pueden comer frutos secos pero con moderación. Contienen proteínas pero también mucha grasa.

- Si se pretende ganar masa muscular libre de grasa, deben evitarse los dulces y las salsas en las comidas. Estos tipos de alimentos tapan mucho los músculos y no permiten que sean visibles.

- Coma 4-5 frutas diarias y/o verduras diarias.

- Para aderezar se puede usar un poco de aceite de oliva, una pizca de sal y vinagre (no crema balsámica).

- Se puede tomar café con moderación.

- Se pueden hacer dos comidas que no sean de dieta a la semana, pero en cantidad moderada.

– Para conseguir mayores resultados, se recomienda el uso de suplementos nutricionales como batidos de proteína y de carbohidratos, creatina...

– Es muy importante ingerir una comida extra que sea rica en proteína justo después de entrenar. La razón es que el cuerpo está en fase de catabolismo y tiene mayor facilidad de asimilación de nutrientes y repara los músculos favoreciendo la recuperación entre entrenamientos (puede ser un suplemento de batido de proteína o el equivalente en alimentos). Para dicha ingesta, se recomienda que no pase más de media hora tras finalizar el entrenamiento.

	Lunes	Martes	Miércoles	Jueves	Viernes	Sábado	Domingo
Desayuno	Tortillas de 3 claras y leche con cereales	Zumo natural, tostada jamón y 1 plátano	Tortillas de 3 claras y leche con cereales	Zumo natural, tostada jamón y 1 plátano	Tortillas de 3 claras y leche con cereales	Zumo natural, tostada jamón y 1 plátano	Tortillas de 3 claras y leche con cereales
Almuerzo	Sandwich pavo, 2 claras cocidas y 2 frutas	Sandwich pavo y 2 frutas	Sandwich pavo, 2 claras cocidas y 2 frutas	Sandwich pavo y 2 frutas	Sandwich pavo, 2 claras cocidas y 2 frutas	Sandwich pavo y 2 frutas	Sandwich pavo, 2 claras cocidas y 2 frutas
Comida	Ensalada y arroz con pollo	Legumbres y pescado a la plancha con patatas	Ensalada y pasta con verduras y carne	Legumbres y pescado cocido con patatas	Verduras y patatas con carne	Ensalada de pasta y pescado a la plancha	Verduras y pavo al horno
Merienda	Lata atún, 2 tostadas y 2 frutas	2 claras cocidas, 2 tortitas de arroz y 2 frutas	Lata atún, 2 tostadas y 2 frutas	2 claras cocidas, 2 tortitas de arroz y 2 frutas	Lata atún, 2 tostadas y 2 frutas	2 claras cocidas, 2 tortitas de arroz y 2 frutas	Lata atún, 2 tostadas y 2 frutas
Cena	Puré verduras y pescado a la plancha	Ensaladas y ternera a la plancha	Puré de hortalizas y pescado a la plancha	Menestra verduras y tortilla de 3 claras	Ensaladilla y pollo a la plancha	Puré verduras y tortilla de 3 claras	Caldo de pollo y pescado a la plancha

Ejemplo de dieta de 2.800-3.000 kilocalorías para aumentar peso y masa muscular dirigida a un sujeto con un menor gasto calórico

 Sabías que...

La forma de calcular cuánta agua debe beber una persona es dividiendo su peso corporal entre 30. Así pues, un sujeto de 75 kilogramos deberá beber 2,5 litros de agua al día.

CAPÍTULO 13

Hidratación del deportista

1. Introducción

El agua es el principal componente del cuerpo, en la proporción de un 60-70 %. La calidad de los tejidos, su funcionamiento y su resistencia a enfermedades dependen de la calidad y cantidad del agua bebida. Hay muchos órganos humanos compuestos de agua:

– los huesos tienen un 25 % de agua,

– los músculos un 75 %,

– el cerebro un 76 %,

– la sangre un 82 %,

– los pulmones un 90 %...

Esto demuestra que el primer y el más esencial nutriente es el **agua**. Simple y ordinaria.

Excepto que, y es una gran excepción, esta agua necesita estar limpia, pura, y libre de contaminantes. En nuestro mundo moderno, la mejor opción de agua pura y limpia es el agua destilada a base de vapor. El cuerpo está compuesto de casi 75 % de agua, necesitamos por lo menos 8-10 vasos de agua por día para reaprovisionar el agua perdida a través de excreción y transpiración. La sangre es conocida como el líquido de la vida. El agua también es conocida como el líquido de la vida. Agua pura constituye la pureza y la salubridad de la sangre.

No hay duda de que lo que un deportista come y bebe puede afectar a su salud, a su peso y composición corporal, a la disponibilidad de sustratos durante el ejercicio, al tiempo de recuperación tras el ejercicio y, por último, a la realización del propio ejercicio.

El deportista que quiere optimizar sus resultados necesita seguir una buena nutrición e hidratación, usar suplementos y ayudas ergogénicas con cuidado, minimizar las grandes pérdidas de peso, así como comer cantidades adecuadas de diferentes alimentos. Este trabajo se centra en el análisis de uno de estos aspectos que pretenden mejorar el rendimiento de nuestros deportistas: **la hidratación.**

Dado que esta revisión trata acerca de la hidratación, es inevitable empezar hablando del agua, componente más abundante del organismo humano (aproximadamente un 65 % de nuestro cuerpo es agua), de ahí que se considere al ser humano, al igual que a cualquier otro organismo vivo, como una solución acuosa contenida dentro de su propia superficie corporal, o mar interno comunicado por multitud de fluidos acuosos.

El agua corporal contiene, en solución, electrolitos y otros solutos. Forma el líquido extracelular con el sodio como electrolito de mayor concentración y el intracelular con el potasio como electrolito más concentrado.

El agua es un nutriente no energético pero fundamental para que nuestro organismo se mantenga correctamente estructurado y en perfecto funcionamiento. Las diferencias en el agua corporal total entre distintos individuos se deben en gran parte a las variaciones en su composición corporal, es decir, se producen por diferencias en la relación existente entre tejido graso y tejido magro.

El músculo es agua en un 75 % de su peso, mientras que el agua supone solo un 20-25% del peso de la grasa. Así, resulta fácil comprender que los factores más importantes en cuanto a la influencia del contenido de agua corporal son el sexo, la edad y el peso.

De la misma forma que el agua es esencial para el organismo, el mantenimiento del **equilibrio hídrico** es fundamental para cualquier ser humano. Todo desequilibrio del mismo puede afectar negativamente al rendimiento físico y atentar contra la salud del organismo.

El consumo o ingesta hídrica procede principalmente de tres fuentes: bebidas, alimentos y agua metabólica resultante de las reacciones químicas que se suceden en nuestro organismo. Mediante el control del peso corporal antes y después del ejercicio, podemos intuir cuál ha sido el grado de deshidratación del sujeto.

2. Bebidas isotónicas para una correcta hidratación

La base fundamental de las bebidas de reposición está dada por la presencia de carbohidratos, vitaminas y minerales disueltos en el agua.

En la actualidad existen diferentes tipos de bebidas recuperadoras de carácter comercial, pero todas con las características antes expuestas en su constitución.

3. ¿Cómo podemos suplir estas bebidas comerciales en la base?

A continuación se exponen algunas formas de elaboración:

- Se puede utilizar un sobre de sales de hidratación oral en un litro de agua o jugo de fruta natural.

- A un litro de agua o jugo natural agregar 20 gramos de fosfato de glucosa, 3,5 gramos de cloruro de sodio (sal común), 2,5 gramos de bicarbonato de sodio, 1,5 gramos de potasio, se le puede incluir una tableta de polivitaminas y minerales.

- A un litro de agua o jugo de frutas agregar 20 gramos de glucosa, 0,3 gramos de vitamina C, 2 gramos de fosfato ácido de sodio, 2 gramos de cloruro de sodio y 2 gramos de magnesio y de potasio , puede incluir 20 miligramos de vitamina C y 0,3 gramos de vitamina B1.

Dentro de estos parámetros el entrenador o el atleta puede elaborar diferentes bebidas para la hidratación. Es importante destacar que con ellas se restituye la pérdida de agua, electrolitos y se produce la reposición calórica con los carbohidratos.

4. ¿Cuándo ingerir estos líquidos?

Resulta conveniente tomar líquido (o seguir tomándolo durante la actividad, entre 150 a 200 mililitros cada 15 a 20 minutos de ejercicios) y tras finalizar la misma y en dependencia de la intensidad y duración. La medida podría estar en la recuperación casi completa del peso corporal, menos 250 gramos, y en la recuperación fisiológica. Es importante que la ingestión se realice a pequeños sorbos ya que esta pauta acelera el vaciado gástrico.

5. Cómo hidratarse

- **Antes del ejercicio**. Tomar medio litro de líquido antes de ir a dormir la noche antes de la competición, por lo menos otro ½ litro al levantarse en la mañana para garantizar el equilibrio de líquidos en el cuerpo. Posteriormente se deberá beber de ½ litro a 1 litro aproximadamente 1 hora antes del evento y de ¼ a ½ litro 20 minutos antes.

- **Durante el ejercicio**. Los atletas deben empezar a tomar líquidos antes del ejercicio y en intervalos regulares durante el mismo, para reemplazar toda el agua que se pierde a través del sudor y lo ideal es hacerlo de 1 vaso a 2 vasos cada 15 o 20 minutos (o en cada estación durante la carrera)

  Se recomienda que los líquidos estén más fríos que la temperatura ambiente (entre 15-22 ºC) y que tengan buen sabor para incrementar el deseo de beber y promover que el reemplazo de líquidos sea suficiente.

- **Después del ejercicio**. Lo ideal es tomar líquidos ricos en azúcares (sobre todo en glucosa) ya que además de ayudar a establecer el equilibrio de líquidos en el cuerpo, los azúcares contenidos en el líquido vuelven a abastecer las reservas de carbohidratos perdidos durante la carrera de una manera rápida.

 Sabías que...

En los últimos 20 años numerosas investigaciones han reflejado los efectos beneficiosos de la nutrición durante la realización de ejercicio físico.

6. ¿Qué pasa si una persona se hidrata?

- Mantiene el volumen de líquidos y electrolitos en equilibrio.

- Retrasa la fatiga.

- Tiene un óptimo rendimiento.

- Evita síntomas como calambres, mareos, enrojecimiento de la piel, y náuseas, entre otros.

7. ¿Qué pasa si no se hidrata?

– Provocará deshidratarse y su sangre se hará cada vez más espesa, siendo más difícil el transporte de oxígeno y glucosa hacia las células.

– Se fatigará pronto.

– Su cuerpo se sobrecalentará y sudará en exceso tratando de bajar la temperatura corporal.

– Tendrá calambres, mareos, visión borrosa, náuseas y falta de coordinación.

8. El agua en el organismo

Las funciones más importantes que el agua ayuda a realizar en el organismo son:

– La respiración.

– La digestlón.

– La regulación de la temperatura del cuerpo.

– Es esencial para transportar nutrientes como el oxígeno y las sales minerales, en la sangre.

– Ayuda a mantener el equilibrio y la presión sanguínea.

– Regula la acidez estomacal.

- Mantiene el metabolismo.

- Ayuda a regular todas las reacciones del cuerpo.

El agua es fundamental para equilibrar las reacciones enzimáticas. El agua debe contener sodio, potasio y cloro para que el riñón no la elimine completamente a través de la orina. El sodio, que se encuentra en el agua, es el soluto más importante para el balance hidroelectrolítico del cuerpo, fundamental para mantener el organismo en un perfecto equilibrio.

El especialista recomienda consumir dos litros y medio de agua diarios, sobre todo en verano, cuando a través de la transpiración se pierde un alto porcentaje de agua. Esto es, alrededor de 1,5 ml por kilo de peso corporal al día. El cuerpo elimina diariamente dos litros y medio de agua por concepto de respiración, transpiración, orina y heces. A la vez, requiere suplir esta pérdida obteniendo agua en su forma tradicional, a través de los alimentos o del mismo organismo, de la siguiente forma:

Entrada/Salida:

- Agua por la boca: 1,3 litros. Orina: 1,5 litros.

- Líquido en alimentos: 1 litro. Heces: 200 ml.

- Oxidación del metabolismo interno: 300 ml. Respiración: 300 ml.

- Transpiración: 600 ml.

Total: 2,6 litros. Total: 2,6 litros.

El agua, además, tonifica el organismo y es especialmente beneficiosa para los deportistas. Asimismo, ayuda al cuerpo a utilizar los depósitos de grasa para convertirlos en energía y para eliminarlos mediante la orina.

En cuanto a su efecto estético, el agua ayuda a hidratar piel y músculos. Así, un cuerpo bien hidratado y tonificado por el agua se refleja en una piel tersa y en un tejido muscular más firme y elástico.

9. Componente esencial

El total de líquido del que se compone el cuerpo está distribuido de la siguiente forma:

- Células: 55 %.

- Líquido intersticial (rodea las células): 20 %.

- Tejido conjuntivo, piel y músculos: 7,5 %.

- Plasma: 7 %.

- Líquido transcelular: 2,5 %.

- Otros: 8 %.

Una persona puede pasar alrededor de cinco semanas sin recibir proteínas, carbohidratos y grasas, pero no puede sobrevivir más de cinco días sin beber agua.

10. Resumen

Es fundamental **mantener la hidratación antes, durante y después** de la práctica de **ejercicio físico**. Es extremadamente importante para la regulación de la temperatura, la función cardiovascular y el rendimiento físico. Para que nuestro organismo funcione correctamente es esencial mantenerlo con la proporción de agua que le corresponde. Las **necesidades de agua** varían en función de la edad y peso. Se supone un requerimiento promedio de 1 ml/kcal; es decir, entre **2 y 2,5 litros de agua al día**.

Estas necesidades pueden verse incrementadas con el ejercicio físico. **Aumenta la temperatura corporal y el cuerpo necesita refrigerarse** y lo hace aumentado la secreción de sudor y, en consecuencia, se pierde agua corporal. Si no se hace nada para compensar dicha pérdida, el cuerpo se irá deshidratando poco a poco a medida que avanza el ejercicio.

Sudoración debida al ejercicio físico

Si esperamos a tener sed para empezar a beber, habremos perdido aproximadamente el 2 % del peso corporal en agua, que se traduce en una disminución del 20 % del rendimiento deportivo. Si el ejercicio se realiza, además, en unas condiciones serias de calor y/o humedad, las pérdidas de líquido corporal se incrementan.

Los primeros **síntomas de deshidratación** que pueden aparecer son: fatiga, mareos y disminución del rendimiento.

El objetivo de la reposición de líquidos es que tanto circulación como sudoración se mantengan en niveles óptimos, garantizando así un rendimiento deportivo óptimo sin problemas de salud. La mejor forma de hidratarse es beber poco a poco a intervalos regulares para poder reemplazar toda el agua que se pierde a través del sudor. Por tanto, es importante no solo beber antes y después del ejercicio físico, sino también durante. Mientras se realiza ejercicio podemos o bien beber agua, o una bebida isotónica.

No obstante, como en todo, excederse en la hidratación tampoco es conveniente por riesgo de sufrir hiponatremia, un trastorno que se produce cuando las concentraciones de sodio en sangre bajan de forma anormal para el buen funcionamiento del sistema nervioso.

CAPÍTULO 14

Lesiones deportivas: cómo evitarlas

1. Introducción

La **lesión deportiva** se define como un accidente traumático o estado patológico producido como consecuencia de la práctica de cualquier deporte.

2. Tipos

– **Agudas**: producidas repentinamente por un hecho traumático.

– **Crónicas**: tienen un inicio lento y sin síntomas aparentes, agravándose progresivamente.

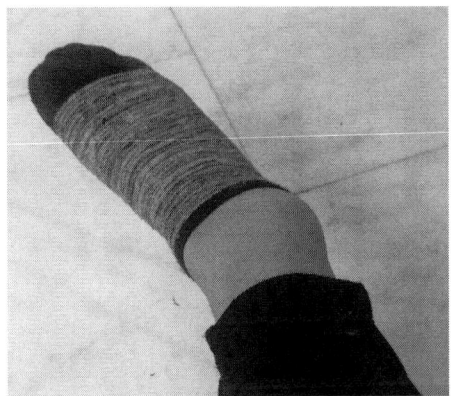

Lesión aguda: esguince de tobillo

3. Causas de las lesiones deportivas

Las principales causas son:

– Falta de conocimientos básicos del deporte.

– Falta de entrenamiento físico, técnico, táctico y psíquico.

– Descompensación corporal.

– Escaso dominio de la técnica.

– No ser consciente de las propias limitaciones.

– Deshidratación.

- Mala higiene (por ejemplo, las caries pueden derivar en roturas fibrilares).

- Excesiva fatiga o sobreentrenamiento.

- Alimentación incorrecta.

- Calentamiento nulo, escaso o mal realizado.

- Vuelta a la práctica de un deportista no repuesto totalmente de una lesión.

4. Fases de la lesión deportiva

Los programas de rehabilitación de una lesión deportiva deben estar basados en la siguiente estructura del proceso de curación.

4.1. Fase inflamatoria aguda

Sus características son enrojecimiento de la zona lesionada, calor, tumefacción, hinchazón, dolor y a veces puede haber impotencia funcional.

Se debe aislar del resto del cuerpo la zona dañada para que los glóbulos blancos reparen las células lesionadas.

4.2. Fase inflamatoria crónica

El proceso de inflamación aguda no elimina al agente causante de la lesión y se implican reparadores de mayor eficacia.

4.3. Fase de curación, cicatrización o reparación

Duración: 2-6 semanas.

En esta fase el deportista todavía puede mostrar sensibilidad al tacto y se quejará en situaciones que tenga que movilizar la estructura lesionada. A medida que el proceso de cicatrización va avanzando, el dolor irá desapareciendo.

4.4. Fase de maduración

Es la fase de mayor duración. Se produce una reorganización de las fibras de colágeno que forman el tejido de cicatrización y se van a formar unas líneas paralelas a las líneas de tensión del tejido. Para ello es importante un cierto esfuerzo con el cual producir un aumento de la fuerza a través de ejercicios de rehabilitación.

Por norma general, en la tercera semana se habrá formado una cicatriz fuerte y resistente. Sin embargo, para la curación completa de la lesión pueden pasar varios años.

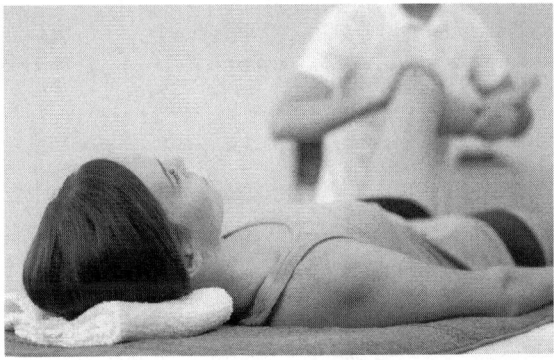

5. Factores que influyen en la curación

Fundamentalmente son los siguientes:

- Extensión de la lesión.
- Edema.
- Hemorragia.
- Suministro vascular deficiente.
- Infección.
- Salud, edad y nutrición.

6. Prevención de la lesión deportiva

6.1. Consideraciones sobre el entorno

Para prevenir lesiones deportivas es conveniente tener en cuenta los siguientes aspectos sobre el entorno:

- **Instalaciones deportivas**: tipo de superficie. Por ejemplo, hay terrenos más reactivos y no absorben los impactos producidos al correr o saltar.

- **Material deportivo**: regulación del sillín de la bicicleta, uso de protectores, acolchado de materiales…

- **Calzado**: es la parte más importante de la vestimenta porque durante el ejercicio se ejerce una fuerza varias veces mayor que el peso corporal, la cual es absorbida por el calzado, el pie y la pierna. Por lo tanto, el calzado (e incluso la plantilla) evitan lesiones por sobrecarga. Hay que prestar especial atención a deportistas con alguna anomalía en la pisada (pie plano, pie cavo, pronador, supinador...). Un estudio de la pisada y una buena plantilla pueden prevenir muchas lesiones como periostitis, tendinitis, fascitis plantar, etc.

6.2. Consideraciones sobre el deportista

El opositor debe tener en cuenta estos aspectos para evitar las lesiones en los entrenamientos:

- **Preparación física**: dinámica de cargas (intensidad, volumen y frecuencia), periodización en 3 estadios.

- **Nutrición**: aprovechamiento de recursos energéticos, con la consiguiente mejor y más rápida recuperación.

- **Calentamiento**: progresivo, individual, específico y direccional.

- **Estiramientos**: los objetivos son reducir la tensión muscular generada con el deporte, aumentar la extensión de los movimientos, relajar después del esfuerzo, prevenir tirones musculares, facilitar la oxigenación del músculo y así mejorar su recuperación.

6.3. Reconocimiento médico previo

El reconocimiento previo es muy útil para:

- Detectar enfermedades que puedan limitar la participación.

- Detectar enfermedades que puedan predisponer a sufrir una lesión.

- Habilitar los requisitos legales y de aseguración.

6.4. Psicología de la lesión deportiva

La **reacción a la lesión** en los deportistas suele seguir 5 fases:

1. Negación.

2. Cólera.

3. Negociación.

4. Depresión.

5. Aceptación y reorganización.

Son signos de una **mala adaptación** a la lesión:

- Sentimientos de furia y confusión.

- Obsesión con la idea de cuándo va a volver a competir.

- Negación (quitar importancia a la lesión).

- Vuelta a la actividad demasiado pronto, con el consiguiente riesgo de recaídas.

- Alardes exagerados de sus logros en la rehabilitación.

- Insistencia en quejas sobre cuestiones físicas sin importancia.

- Culpa por haber defraudado al equipo.

- Alejamiento de personas significativas.

- Cambios repentinos en el estado de ánimo.

- Afirmaciones de que nunca va a recuperarse.

CAPÍTULO 15

Planificación del calendario de entrenamientos

Índice

1. Introducción

No hay un tiempo ideal para la preparación de las pruebas físicas. El tiempo adecuado va a depender del estado de la forma física inicial del opositor.

Se partirá de una planificación anual como la de un curso lectivo: 10 meses. Es tiempo suficiente, incluso para opositores con un nivel muy bajo. **Lo más importante será la dedicación, el esfuerzo y la constancia**.

No obstante, se podrá adaptar en el caso de disponer de menos tiempo. La duración total será variable, así como la de los **cuatro periodos** de los que se compone siempre (estos serán explicados en un apartado posterior).

2. Planificación a falta de 10 meses para las pruebas físicas oficiales

Propongo la siguiente:

- Periodo preparatorio general: 4 meses (desde el primer mes hasta el cuarto).

- Periodo preparatorio específico: 2 meses (desde el quinto mes hasta el sexto).

- Periodo competitivo general: 2 meses (desde el séptimo mes hasta el octavo).

- Periodo competitivo específico: 2 meses (desde el noveno mes hasta el décimo).

En dichos periodos se ve cómo los parámetros de la carga (volumen e intensidad) varían a lo largo del tiempo restante hasta el día de las pruebas oficiales. El usuario no necesita calcular nada. Los gráficos son solo explicativos, esto ya va incluido en los propios programas de entrenamiento del presente libro. De esta forma, el opositor alcanzará el pico máximo de forma física el día de las pruebas, con el fin de superar con éxito el examen.

Para el correcto análisis de los siguientes gráficos, se recomienda volver a leer las definiciones de carga, intensidad y volumen.

MAD

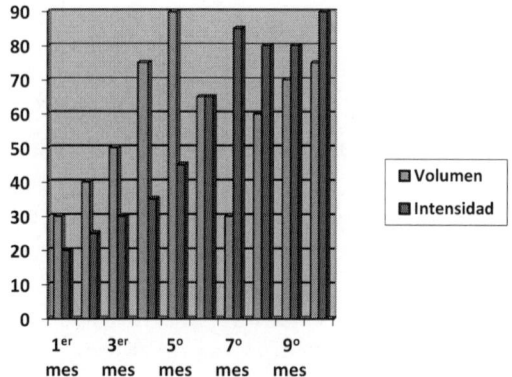

Planificación para 10 meses

Los opositores que no dispongan de estos 10 meses podrán seguir las siguientes planificaciones.

3. Planificación a falta de 9 meses para las pruebas físicas oficiales

Será la siguiente:

- Periodo preparatorio general: 3 meses (desde el primer mes hasta el tercero).

- Periodo preparatorio específico: 2 meses (el cuarto y quinto mes).

- Periodo competitivo general: 2 meses (el sexto y séptimo mes).

- Periodo competitivo específico: 2 meses (el octavo y noveno mes).

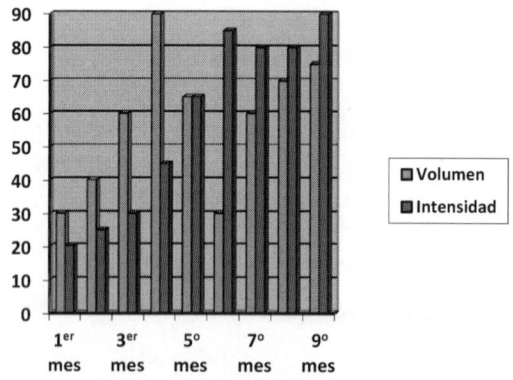

Planificación para 9 meses

4. Planificación a falta de 8 meses para las pruebas físicas oficiales

Los tiempos se distribuirán de esta forma:

– Periodo preparatorio general: 3 meses (desde el primer mes hasta el tercero).

– Periodo preparatorio específico: 1 mes (el cuarto mes).

– Periodo competitivo general: 2 meses (el quinto y sexto mes).

– Periodo competitivo específico: 2 meses (el séptimo y octavo mes).

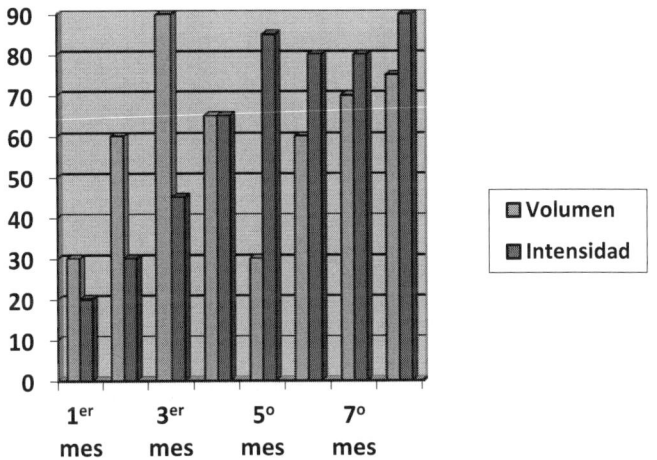

Planificación para 8 meses

5. Planificación a falta de 7 meses para las pruebas físicas oficiales

Será la siguiente:

– Periodo preparatorio general: 3 meses (desde el primer mes hasta el tercero).

– Periodo preparatorio específico: 1 mes (el cuarto mes).

- Periodo competitivo general: 2 meses (el quinto y sexto mes).

- Periodo competitivo específico: 1 mes (el séptimo mes).

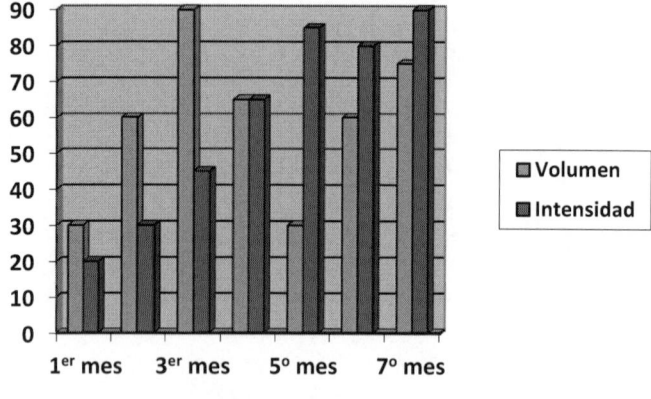

Planificación para 7 meses

6. Planificación a falta de 6 meses para las pruebas físicas oficiales

Tendrá la siguiente secuencia:

- Periodo preparatorio general: 2 meses (el primer y segundo mes).

- Periodo preparatorio específico: 1 mes (el tercer mes).

- Periodo competitivo general: 2 meses (el cuarto y quinto mes).

- Periodo competitivo específico: 1 mes (el sexto mes).

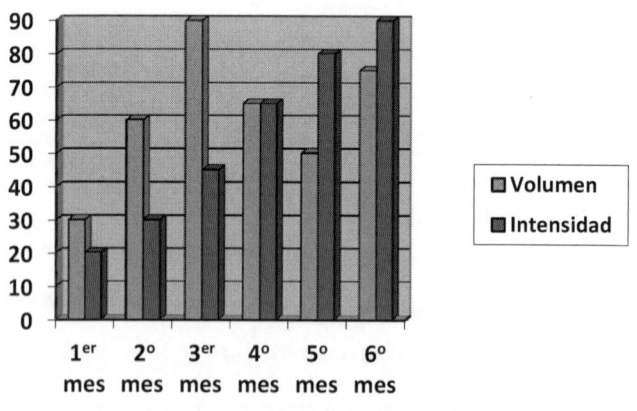

Planificación para 6 meses

7. Planificación a falta de 5 meses para las pruebas físicas oficiales

Los tiempos se distribuirán de esta forma:

– Periodo preparatorio general: 2 meses (el primer y segundo mes).

– Periodo preparatorio específico: 1 mes (el tercer mes).

– Periodo competitivo general: 1 mes (el cuarto mes).

– Periodo competitivo específico: 1 mes (el quinto mes).

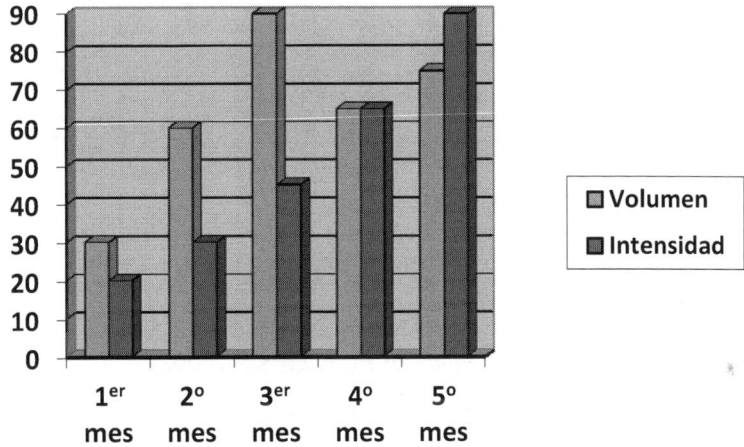

Planificación para 5 meses

8. Planificación a falta de 4 meses para las pruebas físicas oficiales

Los tiempos se distribuirán así:

– Periodo preparatorio general: 1 mes (el primer mes).

– Periodo preparatorio específico: 1 mes (el segundo mes).

- Periodo competitivo general: 1 mes (el tercer mes).
- Periodo competitivo específico: 1 mes (el cuarto mes).

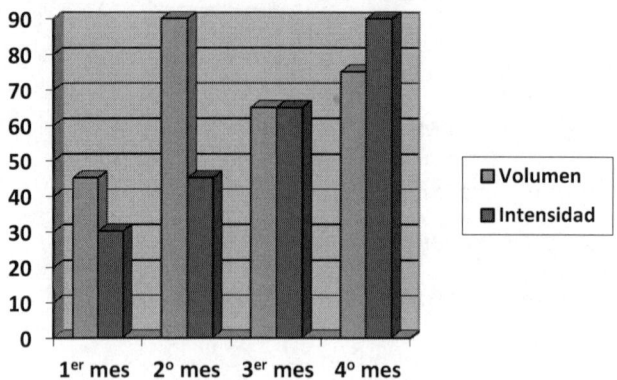

Planificación para 4 meses

9. Planificación a falta de 3 meses para las pruebas físicas oficiales

Será la siguiente:

- Periodo preparatorio general: 1 mes (el primer mes).
- Periodo preparatorio específico: 1 mes (el segundo mes).
- Periodo competitivo general: 2 semanas (el segundo mes y medio).
- Periodo competitivo específico: 2 semanas (el tercer mes).

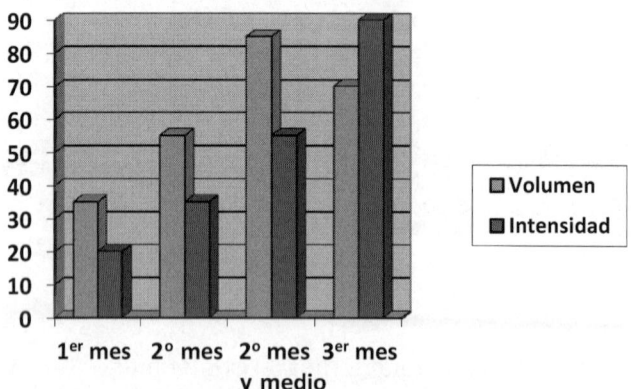

Planificación para 3 meses

10. Planificación a falta de 2 meses para las pruebas físicas oficiales

Los tiempos se distribuirán de esta forma:

- Periodo preparatorio general: 2 semanas (las primeras dos semanas).

- Periodo preparatorio específico: 2 semanas (el primer mes).

- Periodo competitivo general: 2 semanas (el primer mes y medio).

- Periodo competitivo específico: 2 semanas (el segundo mes).

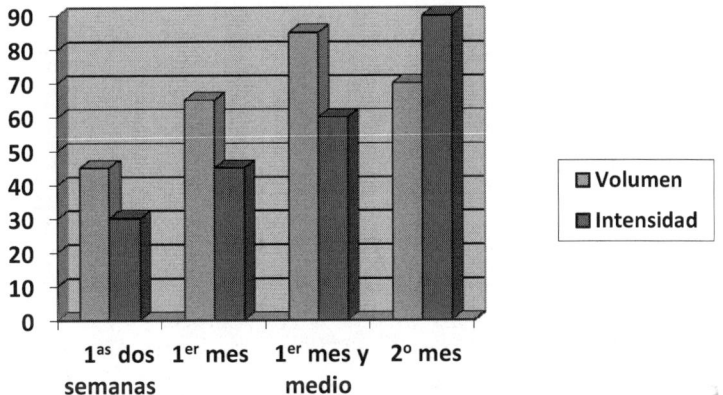

Planificación para 2 meses

Para preparar las pruebas físicas con menos de dos meses de tiempo se recomienda la ayuda de un profesional, ya sea a distancia o presencial.

CAPÍTULO 16

Consideraciones de los programas de entrenamiento

1. Introducción

Habrá que tener en cuenta una serie de aspectos a la hora de entrenar para la mejora de las tres pruebas físicas de la oposición.

Los programas de entrenamiento estarán clasificados y divididos según la prueba a mejorar.

La **prueba del circuito de agilidad** es la que menos debe preocupar al opositor ya que, con diferencia, es la que más rápido se mejora. Se entrenará de forma general, haciendo de forma seguida el recorrido entero. Y también se practicará por partes, buscando el perfeccionamiento de cada giro, salto, etc. En los primeros programas se practicará un menor número de veces y, conforme se vaya acercando la fecha de las pruebas, aumentará el número de realizaciones.

Circuito de agilidad

Para la preparación de las pruebas de barra (dominadas y suspensión) habrá un entrenamiento de musculación, ya sea con cargas externas (pesas) o internas (el propio peso corporal). Habrá observaciones con características distintas (series, repeticiones, descansos, etc.).

Barra para el entreno de las dominadas y la suspensión

*Entrenamiento de
dominadas libres
(con todo el peso corporal)*

*Entrenamiento de
suspensión en barra
de forma libre
(con todo el peso corporal)*

*Máquina de ayuda para
dominadas y suspensión
de barra asistidas*

Por otro lado, **para la preparación de la prueba de carrera** (1.000 metros), habrá entrenamientos aeróbicos y anaeróbicos con carreras de diferentes tipos (distancias, pulsaciones requeridas, inclinaciones del terreno, con recuperaciones completas o incompletas, etc.).

Entrenamiento de carrera

2. Distribución semanal de los entrenamientos

Los programas de entrenamiento están diseñados para ejercitarse de 3 a 6 días semanales. La distribución de días a lo largo de la semana vendrá determinada por la disponibilidad del opositor.

Habrá un total de seis entrenamientos semanales:

– Tres entrenamientos semanales de musculación y circuito de agilidad,

– y otros tres entrenamientos aeróbicos.

Lo ideal es que entre cada entrenamiento de musculación y circuito haya un día de separación (mínimo). Lo mismo sucede con los entrenamientos de carrera. Esto se puede distribuir de varias formas:

– **Ejemplo 1:**

   * Lunes, miércoles y viernes: musculación y circuito (1 hora de duración, aproximadamente).

   * Martes, jueves y sábado: entrenamiento aeróbico (1 hora de duración, aproximadamente).

– **Ejemplo 2:**

   * Lunes, miércoles y viernes: entrenamiento aeróbico (1 hora de duración, aproximadamente).

   * Martes, jueves y sábado: musculación y circuito (1 hora de duración, aproximadamente).

– **Ejemplo 3:**

   * Lunes, miércoles y viernes: musculación y circuito a primera hora del día y entrenamiento aeróbico a última hora del día (1 hora de duración cada uno, aproximadamente). También se puede hacer al contrario.

– **Ejemplo 4:**

   * Martes, jueves y sábado: musculación y circuito a primera hora del día y entrenamiento aeróbico a última hora del día (1 hora de duración cada uno, aproximadamente). También se puede hacer al contrario.

– **Ejemplo 5:**

* Lunes, miércoles y viernes: musculación, circuito y entrenamiento aeróbico (2 horas de duración seguidas, aproximadamente).

– **Ejemplo 6:**

* Martes, jueves y sábado: musculación, circuito y entrenamiento aeróbico (2 horas de duración seguidas, aproximadamente).

Se podrían poner más ejemplos, pero ya se ve que **lo importante es que haya al menos un día de separación entre entrenamientos del mismo tipo**.

La **distribución más aconsejable** es la de los ejemplos 1 y 2, ya que permite mantener el rendimiento durante todo el entrenamiento dado que, al hacer 6 días semanales, la duración de cada uno es de 1 hora y, en este tiempo, los depósitos de glucógeno muscular rinden al máximo.

En el caso de no disponer de 6 días semanales para entrenar, la **segunda opción más recomendable** es hacer lo indicado en los ejemplos 3 y 4, con el mismo fin de que el opositor esté 2 horas seguidas entrenando y que entre un tipo de entrenamiento y otro pasen al menos 6 horas. Por ejemplo: primer entrenamiento del día a las 7.30 a. m. y segundo entrenamiento del día a las 18:30 p. m.; o bien, a las 14:00 p. m. y a las 20:00 p. m., respectivamente.

Los ejemplos 5 y 6 van **destinados a opositores que solo dispongan de 3 días semanales** para entrenar y de una vez, es decir, haciendo ambos tipos de entrenamiento seguidos. En este caso, el orden deber ser: ejercicios de musculación, circuito y, por último, aeróbico.

3. Explicación de los contenidos de los entrenamientos

A continuación se detallan los programas de entrenamiento englobados dentro del periodo correspondiente. Tal y como se ha dicho anteriormente, la duración de dichos programas va a depender del tiempo restante que tenga el opositor hasta el día de las pruebas oficiales (desde 2 hasta 10 meses).

Con el fin de personalizar al máximo cada programa, habrá varias opciones a elegir entre los opositores:

– Hombre o mujer en las pruebas que difieren: barra.

– Niveles según la forma física actual obtenida en el test de cada prueba: muy bajo (0-1 puntos), bajo (2-3 puntos), medio (4-6 puntos), alto (7-8 puntos) y muy alto (9-10 puntos). En función del nivel que tenga el usuario, los entrenamientos tendrán una mayor o menor dificultad. Como se ha dicho anteriormente, cada uno debe elegir el entrenamiento correspondiente a su nivel. Con el fin de evitar lesiones, no se debe elegir uno mayor. Así mismo tampoco se debe elegir uno de menor nivel para que no se produzca un estancamiento o regresión.

4. Observaciones de los entrenamientos del circuito de agilidad

Hay que tener en cuenta tres tipos de entrenamiento:

- **Entrenamiento libre**: consiste en realizar el circuito de forma autónoma, con el simple fin de memorizar el recorrido y comprobar cuál es el lado más conveniente a la hora de la salida.

- **Entrenamiento por pasos**: es la forma más segura de hacer el circuito, ya que minimiza riesgos a la hora de derribar algún elemento del mismo.

- **Entrenamiento por partes**: una vez que se domina el circuito de forma conjunta, este tipo de entrenamiento servirá para perfeccionar cada giro, cada salto, etc.

El recorrido a efectuar consiste en una especie de ocho y una recta final. El lado de salida es a elección del opositor, vendrá determinado por la pierna que quiera usarse a la hora de hacer el salto de la primera valla. Para ganar tiempo se recomienda saltarla, pero también se puede superar pasando primero una pierna y luego la otra. Dicho salto es a una pierna. Si conviene saltar con la pierna derecha, el lado de salida será el derecho y viceversa.

Salida por la derecha de la valla

Para un mayor control en los giros y evitar tocar algún componente del circuito, en cada giro se recomienda frenar y cambiar la dirección con la pierna más alejada del cono.

El número de pasos a realizar entre los elementos del circuito dependerá de la amplitud de zancada del opositor.

4.1. Observaciones

- **Calentamiento**: consiste en realizar 10 minutos a ritmo medio de cualquier ejercicio aeróbico (bicicleta, elíptica, máquina de remo, etc., aunque es preferible que sea de carrera por tener mayor transferencia).

  Hacer movilidad articular de hombros, caderas, rodillas y tobillos, con el fin de evitar cualquier lesión.

- **Parte principal**: práctica del circuito comenzando de forma suave y haciendo todo su recorrido. Posteriormente, se puede realizar el entrenamiento libre, por pasos o por partes, ya con una mayor intensidad.

- **Vuelta a la calma**: 5 minutos de carrera suave y estiramientos para relajar los músculos manteniendo la posición de forma estática unos 30-40 segundos, sin hacer rebotes y sin que haya dolor muscular, solo molestia y tensión.

4.2. Formas de practicar esta prueba

- Por libre, para determinar el lado más conveniente de salida y para memorizar el recorrido,

- por pasos, para automatizar el número de pisadas a realizar,

- por partes, para practicar cada uno de los recorridos por separado,

- o libre total, una vez se tenga el conocimiento de todo lo anterior, se practicará sin fijarse en la técnica.

4.3. Análisis de la técnica

4.3.1. Candidato diestro

Generalmente, los aspirantes diestros parten desde el lado derecho de la valla de salida, denominada a partir de ahora *primera valla*.

Cuando se hable de la *segunda valla*, se referirá a la valla que hay que pasar por debajo inicialmente y, al finalizar el circuito, saltar en carrera.

> ### 🏃 Recuerda que...
>
> El número de pasos a realizar dependerá de la amplitud de zancada de cada aspirante, algo condicionado por la altura del aspirante y la longitud de sus piernas.

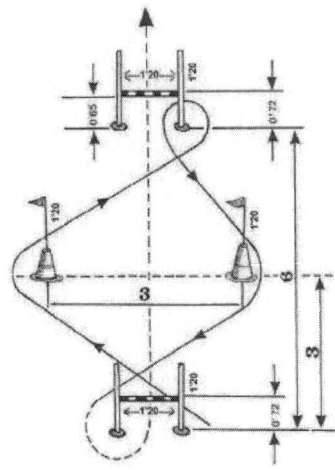

Por debajo de la valla ———
Por encima de la valla ------

Recorrido a realizar saliendo desde el lado derecho

A) Posición de salida, primeros pasos, llegada y giro sobre el primer cono

El examinador dará la salida a la voz de "¡Listos, ya!", o bien diciendo "¡Preparados, listos, ya!". Al mismo tiempo acciona su cronómetro. Así pues, será necesario realizar dicha salida con ambas frases. Es una prueba que se debería practicar con la ayuda de alguien, tanto para la señal de salida como para la toma de tiempos. Para tener una correcta postura de aceleración ante el estímulo sonoro, se debe adelantar un pie hasta la línea de salida y retrasar el otro, con ambas piernas ligeramente flexionados. La postura que tendrá el cuerpo será la dirigida hacia el cono en cuestión. Si el sujeto puede llegar a él con tres pasos, el pie que debe poner pegado a la línea de salida deberá ser el derecho. Si necesita cuatro pasos, el pie adelantado será el izquierdo. Esto hará que siempre se pueda frenar con la pierna más alejada del circuito (la izquierda).

Salida por la derecha de la valla y con pierna derecha adelantada,
con el fin de hacer 3 pasos hasta el primer cono

Salida por la derecha de la valla y con pierna izquierda adelantada,
con el fin de hacer 4 pasos hasta el primer cono

Llegada al primer cono con la pierna del exterior

B) Pasos de aproximación hasta la segunda valla, giro y paso por debajo

Tras haber frenado con la pierna izquierda en el primer cono, el paso que corresponde ahora es con la pierna derecha. Habrá que determinar si se puede llegar a la primera valla en cuatro pasos o en seis. Lo importante será frenar con la
pierna exterior, en este caso la derecha, y dar un último paso con la izquierda. De
esta forma, se podrá flexionar al máximo la pierna izquierda y así poder apoyar el

pecho en el muslo izquierdo, agachándose bien para pasar la valla por debajo, sin riesgo a tocarla y tirarla. Se deberán apoyar las manos en el suelo, a la anchura de los hombros, y extender la pierna derecha atrás.

La distancia desde el suelo hasta la parte inferior de la valla son 65 centímetros. Para hacer progresivo el aprendizaje del paso por debajo, se puede poner el listón de la valla un poco más alto, a unos 75-80 cm. Progresivamente, se deberá ir bajando hasta dejarlo a la medida oficial.

Llegada a la segunda valla con la pierna del exterior

Pisada y pivote con la pierna del interior, para agacharse

C) Salida de la segunda valla, pasos de aproximación hasta el segundo cono, llegada y giro

Desde la posición agrupada, debajo de la valla, el primer paso corresponde a la pierna derecha. Las opciones para aproximarse al segundo cono son hacer cuatro o bien seis pasos, en función de la amplitud de zancada de cada uno. En cualquier caso, habrá que frenar flexionando la pierna izquierda a su llegada al cono para poder cambiar de dirección.

Posición agrupada encarando el segundo cono

Salida de la primera valla por debajo

Llegada al segundo cono con la pierna del exterior

D) Pasos de aproximación hasta la primera valla, giro, salto y contacto con el suelo

El trayecto desde el segundo cono hasta la primera valla se puede realizar en cinco pasos o en siete (vuelve a entrar en juego la amplitud de zancada). Una vez que se llega a la valla, el salto deberá hacerse con la pierna derecha, siendo acompañado por una elevación de la rodilla izquierda de forma explosiva.

Si se prefiere realizar sin salto, habrá que pasar primero la pierna izquierda y luego la derecha.

En cualquier caso, será el pie izquierdo el primero en contactar con el suelo al otro lado de la valla.

*Llegada a la segunda valla
con la pierna del exterior*

Zancada de aproximación

Apoyo de pierna de batida

Paso de valla sin salto

Paso de valla con salto: fase de impulso

Paso de valla con salto: fase de batida

Paso de valla con salto: fase de caída

E) Recta final: pasos de aproximación hasta la segunda valla, salto y contacto con el suelo

Una vez que el pie izquierdo toca el suelo, el primer paso será con la pierna derecha, procurando trasladar sobre este último el peso corporal para no perder el equilibrio y favorecer la aceleración provocada por la inercia al caer.

Aprovechando que es una recta, hay que acelerar lo máximo posible al salir de la primera valla. En función de la amplitud de zancada, el recorrido entre vallas se hará en tres, cuatro o cinco pasos. El salto final se debe hacer a una pierna para echar la otra hacia adelante buscando contactar con el suelo lo más cerca posible a la valla pero sin que exista el riesgo de tocarla y tirarla. La pierna de impulso será la derecha si la recta se hace en tres o cinco pasos, o bien la izquierda si se necesitan cuatro pasos.

Es importante ajustar el salto a la valla y no estar demasiado tiempo en el aire ya que el cronómetro no se para hasta que un pie contacta con el suelo al superar esta última valla. Si la pierna de batida es la derecha, el pie que deberá pisar el suelo cuanto antes será el izquierdo y viceversa.

La distancia desde el suelo hasta la parte superior de la valla son 72 centímetros. Para hacer progresivo el aprendizaje del paso por encima, se puede poner el listón de la valla un poco más bajo, a unos 55-60 cm.

Último paso

Salto de la segunda valla: fase de impulso

Salto de la segunda valla: fase aérea

Salto de la segunda valla: fase de caída y contacto con el pie adelantado

Progresivamente, se deberá ir subiendo hasta dejarlo a la medida oficial. En caso de tener miedo de saltarla, se puede utilizar una cuerda como listón con un nudo muy flojo, de forma que si se toca por no hacer un salto lo suficientemente alto, dicha cuerda se cae al suelo sin más trascendencia.

En esta prueba se permite un segundo intento si se hace nulo en el primero. Las causas de que sea considerado nulo pueden ser las siguientes: derribar alguno de los conos o vallas, o bien equivocarse en el recorrido.

 Recuerda que...

Para un opositor que salga desde el lado derecho de la valla, las recomendaciones que se hacen para el buen desarrollo de esta prueba son las siguientes:

– Posición de salida en alerta, colocando una pierna adelante y otra atrás, las dos un poco flexionadas y en dirección al primer cono.

– Llegar a cada cono con la pierna del exterior, con el fin de hacer una buena frenada y cambio de dirección.

– Agacharse bien para pasar la valla por debajo, bajando las caderas y los hombros, por medio del contacto del pecho con el cuádriceps de la pierna más adelantada.

– Meterse debajo de la valla y salir de ella con un impulso de la pierna flexionada.

– A la hora de librar la primera valla, se deberá pasar primero la pierna izquierda ya sea por medio de un salto o sin él.

– Contactar con el suelo lejos de la primera valla y cargar el peso hacia adelante, mediante el primer paso de la pierna derecha.

– Ajustar el último salto de la segunda valla para que no sea demasiado alto y contactar lo más rápido posible con el suelo.

4.3.2. Candidato zurdo

Generalmente, los aspirantes zurdos parten desde el lado izquierdo de la valla de salida, denominada a partir de ahora *primera valla*.

Cuando se hable de la *segunda valla*, se referirá a la valla que hay que pasar por debajo inicialmente y, al finalizar el circuito, saltar en carrera.

Recuerda que...

El número de pasos a realizar dependerá de la amplitud de zancada de cada aspirante, algo condicionado por la altura del aspirante y la longitud de sus piernas.

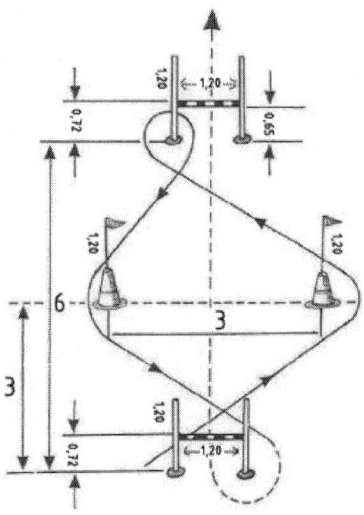

Por debajo de la valla ——
Por encima de la valla ------

Recorrido a realizar saliendo desde el lado izquierdo

A) Posición de salida, primeros pasos, llegada y giro sobre el primer cono

El examinador dará la salida a la voz de "¡Listos, ya!", o bien diciendo "¡Preparados, listos, ya!". Al mismo tiempo acciona su cronómetro. Así pues, será necesario realizar dicha salida con ambas frases. Es una prueba que se debería practicar con la ayuda de alguien, tanto para la señal de salida como para la toma de tiempos.

Para tener una correcta postura de aceleración ante el estímulo sonoro, se debe adelantar un pie hasta la línea de salida y retrasar el otro, con ambas piernas ligeramente flexionados. La postura que tendrá el cuerpo será la dirigida hacia el cono en cuestión. Si el sujeto puede llegar a él con tres pasos, el pie que debe poner pegado a la línea de salida deberá ser el izquierdo. Si necesita cuatro pasos, el pie adelantado será el derecho. Esto hará que siempre se pueda frenar con la pierna más alejada del circuito (la derecha).

*Salida por la izquierda de la valla y con pierna izquierda adelantada,
con el fin de hacer 3 pasos hasta el primer cono*

*Salida por la izquierda de la valla y con pierna derecha adelantada,
con el fin de hacer 4 pasos hasta el primer cono*

*Llegada al primer cono
con la pierna del exterior*

B) Pasos de aproximación hasta la segunda valla, giro y paso por debajo

Tras haber frenado con la pierna derecha en el primer cono, el paso que corresponde ahora es con la pierna izquierda. Habrá que determinar si se puede llegar a la primera valla en cuatro pasos o en seis. Lo importante será frenar con la pierna exterior, en este caso la izquierda, y dar un último paso con la derecha. De esta forma, se podrá flexionar al máximo la pierna derecha y así poder apoyar el pecho en el muslo derecho, agachándose bien para pasar la valla por debajo, sin riesgo a tocarla y tirarla. Se deberán apoyar las manos en el suelo, a la anchura de los hombros, y extender la pierna izquierda atrás.

La distancia desde el suelo hasta la parte inferior de la valla son 65 centímetros. Para hacer progresivo el aprendizaje del paso por debajo, se puede poner el listón de la valla un poco más alto, a unos 75-80 cm. Progresivamente, se deberá ir bajando hasta dejarlo a la medida oficial.

Llegada a la segunda valla con la pierna del exterior

Pisada y pivote con la pierna del interior, para agacharse

C) Salida de la segunda valla, pasos de aproximación hasta el segundo cono, llegada y giro

Desde la posición agrupada, debajo de la valla, el primer paso corresponde a la pierna izquierda. Las opciones para aproximarse al segundo cono son hacer cuatro o bien seis pasos, en función de la amplitud de zancada de cada uno. En cualquier caso, habrá que frenar flexionando la pierna derecha a su llegada al cono para poder cambiar de dirección.

***Posición agrupada encarando
el segundo cono***

Salida de la primera valla por debajo

***Llegada al segundo cono con la pierna
del exterior***

D) Pasos de aproximación hasta la primera valla, giro, salto y contacto con el suelo

El trayecto desde el segundo cono hasta la primera valla se puede realizar en cinco pasos o en siete (vuelve a entrar en juego la amplitud de zancada). Una vez que se llega a la valla, el salto deberá hacerse con la pierna izquierda, siendo acompañado por una elevación de la rodilla derecha de forma explosiva.

Si se prefiere realizar sin salto, habrá que pasar primero la pierna derecha y luego la izquierda.

En cualquier caso, será el pie derecho el primero en contactar con el suelo al otro lado de la valla.

Llegada a la segunda valla con la pierna del exterior

Zancada de aproximación

Apoyo de pierna de batida

Paso de valla sin salto

Paso de valla con salto: fase de impulso

Paso de valla con salto: fase de batida

Paso de valla con salto: fase de caída

E) Recta final: pasos de aproximación hasta la segunda valla, salto y contacto con el suelo

Una vez que el pie derecho toca el suelo, el primer paso será con la pierna izquierda, procurando trasladar sobre este último el peso corporal para no perder el equilibrio y favorecer la aceleración provocada por la inercia al caer.

Aprovechando que es una recta, hay que acelerar lo máximo posible al salir de la primera valla. En función de la amplitud de zancada, el recorrido entre vallas se hará en tres, cuatro o cinco pasos. El salto final se debe hacer a una pierna para echar la otra hacia adelante buscando contactar con el suelo lo más cerca posible a la valla pero sin que exista el riesgo de tocarla y tirarla. La pierna de impulso será la izquierda si la recta se hace en tres o cinco pasos, o bien la derecha si se necesitan cuatro pasos.

Es importante ajustar el salto a la valla y no estar demasiado tiempo en el aire ya que el cronómetro no se para hasta que un pie contacta con el suelo al superar esta última valla. Si la pierna de batida es la izquierda, el pie que deberá pisar el suelo cuanto antes será el derecho y viceversa.

Último paso

Salto de la segunda valla: fase de impulso

Salto de la segunda valla: fase aérea

Salto de la segunda valla: fase de caída y contacto con el pie adelantado

La distancia desde el suelo hasta la parte superior de la valla son 72 centíme-tros. Para hacer progresivo el aprendizaje del paso por encima, se puede poner el listón de la valla un poco más bajo, a unos 55-60 cm. Progresivamente, se deberá ir subiendo hasta dejarlo a la medida oficial. En caso de tener miedo de saltarla, se puede utilizar una cuerda como listón con un nudo muy flojo, de forma que si se toca por no hacer un salto lo suficientemente alto, dicha cuerda se cae al suelo sin más trascendencia.

En esta prueba se permite un segundo intento si se hace nulo en el primero. Las causas de que sea considerado nulo pueden ser las siguientes: derribar algu-no de los conos o vallas, o bien equivocarse en el recorrido.

 Recuerda que...

Para un opositor que salga desde el lado izquierdo de la valla, las recomendaciones que se hacen para el buen desarrollo de esta prueba son las siguientes:

– Posición de salida en alerta, colocando una pierna adelante y otra atrás, las dos un poco flexionadas y en dirección al primer cono.

– Llegar a cada cono con la pierna del exterior, con el fin de hacer una buena frenada y cambio de dirección.

– Agacharse bien para pasar la valla por debajo, bajando las ca-deras y los hombros, por medio del contacto del pecho con el cuádriceps de la pierna más adelantada.

– Meterse debajo de la valla y salir de ella con un impulso de la pierna flexionada.

– A la hora de librar la primera valla, se deberá pasar primero la pierna derecha ya sea por medio de un salto o sin él.

– Contactar con el suelo lejos de la primera valla y cargar el peso hacia adelante, mediante el primer paso de la pierna izquierda.

– Ajustar el último salto de la segunda valla para que no sea de-masiado alto y contactar lo más rápido posible con el suelo.

5. Observaciones de los entrenamientos de barra

- **Calentamiento**: consiste en realizar 5-10 minutos de cualquier ejercicio aeróbico (carrera, bicicleta, elíptica, etc., aunque es preferible que sea de máquina de remo por tener mayor transferencia).

- **Series y repeticiones**: conjunto de veces que se realiza el movimiento de un ejercicio. Si un ejercicio se hace de forma alterna, primero con un brazo y luego con el otro, habrá que realizar las repeticiones marcadas con cada uno de los dos segmentos.

- **En circuito**: las vueltas dependerán del nivel obtenido en las pruebas. Ejemplo: 10 repeticiones del ejercicio 1, 10 del ejercicio 2... así hasta el último y se vuelve a empezar, haciendo el número de vueltas correspondiente al nivel obtenido en las pruebas.

- **Velocidad de ejecución**: cantidad de movimientos por espacio de tiempo. Puede ser lenta, media o rápida. Las contracciones suelen ser isotónicas concéntricas y excéntricas, es decir, hay acortamiento y estiramiento muscular. La fase excéntrica es a favor de la gravedad, pero no por ello se hace de forma más rápida e incontrolada sino que se debe mantener la velocidad.

- **Intensidad**: referida a cómo se llegue a la última repetición de los ejercicios, ya sean con pesas o con el propio peso corporal.

  Las repeticiones pueden ser de una intensidad baja (se hacen las repeticiones marcadas pero que en realidad se podrían hacer el doble), media (se podrían hacer 5 repeticiones más de las marcadas), alta (sería posible hacer 2 o 3 repeticiones más) o muy alta (es el máximo de repeticiones posibles, llegando al fallo muscular). No se debe abusar de este último tipo de intensidad ya que la técnica empeora bastante en las repeticiones forzadas.

- **Respiración**: se debe inspirar por la nariz durante la fase excéntrica del movimiento (estiramiento del músculo), que es a favor de la gravedad. La espiración se hará por la boca durante la fase concéntrica (acortamiento del músculo), que sucede en contra de la gravedad.

  Ejemplo: en las clásicas flexiones o fondos en suelo, se inspira al bajar hacia el suelo, flexionando los brazos (a favor de la gravedad). Se espira al subir y extender los brazos (en contra de la gravedad).

Respiración durante las flexiones

– **Recuperación**: tiempo de descanso entre cada serie.

– **Estiramientos**: al acabar el entrenamiento, conviene relajar los músculos trabajados haciendo los estiramientos musculares, manteniendo la posición de forma estática unos 30-40 segundos, sin hacer rebotes y sin que haya dolor muscular, solo molestia y tensión.

Estiramiento de gemelo

6. Observaciones de los entrenamientos de carrera

Es conveniente tener en cuenta que:

– **Superficie**: en caso de correr por el exterior, para evitar lesiones por sobrecarga e impactos repetitivos, se debería procurar hacerlo por terreno blando, tierra o césped.

– **Velocidad**: será justo la necesaria para mantener la intensidad y duración requeridas. Es importante realizar el tiempo recomendado en los programas. Para ello, hay que controlar el ritmo de carrera y no ir demasiado rápido. Cuando sea carrera continua, lo importante es mantener el ritmo y no parar por completo (si es necesario, se caminará rápido hasta estar recuperado, momento el que se deberá retomar la carrera).

– **Duración**: va a depender del nivel de cada usuario, siendo resultado de la realización del test de las pruebas físicas. Los opositores de nivel mayor tendrán entrenamientos de más larga duración y viceversa. Cada uno debe fijarse en el tiempo de duración correspondiente a su nivel y no realizar ningún otro. Si esto no se respeta, podría ser causa de lesión por sobreentrenamiento o mermar su rendimiento, según sea el caso.

– **Intensidad**: sería recomendable el uso de pulsómetro para controlar la frecuencia cardíaca. Teniendo en cuenta que la frecuencia cardíaca máxima se calcula con la fórmula de FCM = 220 - edad, trabajaremos con las siguientes intensidades, según el nivel de las pruebas físicas realizadas por cada opositor:

* 60 % de la FCM (**ritmo bajo**, que no cueste apenas esfuerzo).

  Ejemplo: persona de 30 años. FCM = 220 – edad = 190 de pulsaciones máximas teóricas por minuto. El 60 % de 190 es 114 pulsaciones/minuto.

* 70 % de la FCM (**ritmo medio**, que permita hablar sin esfuerzo).

  Ejemplo: 70 % de 190 = 133.

* 80 % de la FCM (**ritmo alto**, que se entrecorten las palabras a la hora de hablar).

  Ejemplo: 80 % de 190 = 152.

* 90 % de la FCM (**ritmo muy alto**, que sea casi imposible hablar).

Ejemplo: 90 % de 190 = 171. Si no coincide la percepción con el porcentaje de esfuerzo, el opositor deberá guiarse por las sensaciones físicas (y no por el valor que marca el pulsómetro)".

Entrenamiento de carrera en pista de atletismo

7. Test mensual tras la finalización de cada programa

Mes a mes, se debe realizar un nuevo test de las tres pruebas físicas en las condiciones lo más idénticas posible al día oficial. Esto se recomienda hacer una vez al mes, coincidiendo o no con el fin de cada programa y antes de comenzar el siguiente.

Podemos realizar las tres pruebas el mismo día. El orden que suele seguirse en las oposiciones es uno de los dos siguientes:

– Circuito, barra y carrera.

– Barra, circuito y carrera.

Se puede seguir la sucesión de cualquiera de estas dos formas. El mismo día de las pruebas no suele haber demasiado tiempo para calentamientos. Los candidatos suelen ser llamados en grupos de 10-15 personas y van pasando por cada una de las pruebas físicas. El circuito se hace de uno en uno, la barra y el salto de dos en dos personas y la prueba de carrera todo el grupo completo.

Vista general de las pruebas físicas interiores

CAPÍTULO 17

Pautas para entrenar cada prueba

1. Introducción

A continuación se detalla el orden en el que habrá que realizar los entrenamientos, en el caso de hacer la práctica de mejora de las tres pruebas físicas en la misma sesión de entrenamiento.

Como se ha dicho anteriormente, son varias pruebas físicas a mejorar y se pueden entrenar seguidas o agrupar en dos entrenamientos: por un lado, circuito y barra; por otro, la carrera.

Sería conveniente **separar los dos tipos de entrenamiento**, al menos en dos horarios diferentes si se hacen el mismo día. Por ejemplo: un día entrenamiento de circuito y barra; y otro día entrenamiento de carrera. Si por disponibilidad no se puede realizar de esta forma, otra opción es realizarlos el mismo día, pero uno por la mañana y otro por la tarde.

2. Entrenamiento de circuito

Será un entrenamiento destinado a **memorizar el recorrido, aprender a acelerar y frenar con eficiencia, esquivar cada cono y valla sin riesgo de tirarlos**. Habrá que mejorar la velocidad de reacción, velocidad de desplazamiento, aceleración, agilidad, coordinación y flexibilidad. Con diferencia, es la prueba que más rápido se mejora. Para practicarla, se debe volver a leer la explicación de la técnica.

El momento ideal para practicarlo será justo después del calentamiento, antes de la sesión de musculación. No conviene realizar más repeticiones de las aconsejadas en la siguiente tabla, ya que se realiza tres días semanales y puede ser lesivo por tener una cantidad importante de aceleraciones, cambios de dirección, giros, etc.

PROGRAMA NIVEL	A	B	C	D	E
Muy bajo	2 veces libre	2 veces por pasos y 1 vez por libre	2 veces por partes y 2 veces por pasos	2 veces por partes y 3 veces libre	6 veces libre
Bajo	2 veces libre	2 veces por pasos y 2 veces por libre	2 veces por partes y 3 veces por pasos	2 veces por partes y 4 veces libre	7 veces libre
Medio	3 veces libre	2 veces por pasos y 2 veces por libre	2 veces por partes y 3 veces por pasos	2 veces por partes y 4 veces libre	7 veces libre

MAD

Alto	4 veces libre	2 veces por pasos y 3 veces por libre	3 veces por partes y 4 veces por pasos	3 veces por partes y 4 veces libre	8 veces libre
Muy alto	4 veces libre	2 veces por pasos y 3 veces por libre	3 veces por partes y 3 veces por pasos	3 veces por partes y 4 veces libre	8 veces libre

Relación del número de repeticiones a realizar en cada uno de los entrenamientos según el nivel obtenido en el test. Forma de practicarlo

Para la toma de tiempos se necesitará otra persona que dé la salida, active el cronómetro y lo pare al finalizar. No es necesario en todas las repeticiones, solo en algunas para controlar tiempos.

Midiendo los tiempos

Una vez finalizado un programa, antes de empezar el siguiente, se debe realizar el test del circuito. Con el tiempo obtenido, se debe comprobar si ha cambiado el nivel en esa prueba.

En el circuito tiene especial importancia el trabajo de la flexibilidad por medio de estiramientos, ya que como lo indican McAtee y Charland "ayudan a prevenir lesiones, mejoran el rendimiento, promueven la percepción del propio cuerpo, estimulan el riego sanguíneo y sirven para relajarse y centrarse mentalmente".

Vídeos recomendados

Estiramientos tren inferior

- **Pierna - Cuádriceps**:
  http://youtu.be/RwT73-nA7zY

- **Pierna - Femoral**:
  http://youtu.be/TPTFDcBfb-l

- **Pierna - Psoas**:
  http://youtu.be/ccgF49K67lQ

- **Pierna - Glúteo**:
  http://youtu.be/ZY36iUpxldl

141. ESTIRAMIENTOS - Pierna - Glúteo

- **Pierna - Aductor**:
  http://youtu.be/BluyC7WQj2g

- **Pierna - Abductor**:
  http://youtu.be/LVYZhUlXjCA

- **Pierna - Gemelo**:
  http://youtu.be/qLciWStcqml

144 ESTIRAMIENTOS - Pierna - Gemelo

Pierna Sóleo:
http://youtu.be/1flIpjvmO_g

3. Entrenamiento de barra

Habrá que trabajar la fuerza del tren superior. Los ejercicios de musculación servirán para mejorar el resultado de esta prueba. Se alternará el uso del propio peso corporal y el uso de cargas externas como pueden ser mancuernas, barras o máquinas.

En el caso de los hombres, se hablará siempre de dominadas y en el de las mujeres, de suspensión.

Dominadas

Suspensión en barra

Quien no domine su peso corporal deberá usar la máquina de ayuda o asistida. Quien lo domine y pueda hacer más repeticiones de las indicadas, deberá ponerse lastre con peso en la cintura.

Vídeos recomendados

Estiramientos tren superior

– **Pectoral**:
http://youtu.be/PsCNDK9LdrM

129. ESTIRAMIENTOS - Pectoral

– **Dorsal**:
http://youtu.be/yzpN70vW2Ps

– **Hombro**:
http://youtu.be/DPDFPkpJ2LY

– **Trapecio y cuello**:
http://youtu.be/q2E-cOZ7s3I

– **Bíceps**:
http://youtu.be/y-ieBQLHIQU

– **Tríceps**:
http://youtu.be/EV7_9aEoN4w

– **Antebrazo**:
http://youtu.be/IVoWOK3qm9o

– **Abdominal**:
http://youtu.be/0edvO1_wcY4

– **Lumbar**:
http://youtu.be/kh6sJsHOpfY

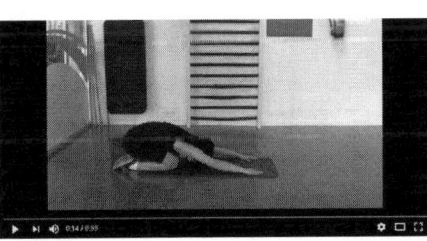

137. ESTIRAMIENTOS - Lumbar

PROGRAMA / NIVEL	A	B	C	D	E
Muy bajo: 2 vueltas	10 series	12 series	12 series	10 series	12 series
Bajo: 3 vueltas	15 series	18 series	18 series	15 series	18 series
Medio: 4 vueltas	20 series	24 series	24 series	20 series	24 series
Alto: 5 vueltas	25 series	30 series	30 series	25 series	30 series
Muy alto: 6 vueltas	30 series	36 series	36 series	30 series	36 series

Relación del número de vueltas y series a realizar
en los entrenamientos de barra según el nivel obtenido en el test

4. Entrenamiento de carrera

Habrá que entrenar la resistencia aeróbica y anaeróbica, dado que en una carrera de 1.000 metros intervienen ambos sistemas de energía.

Los entrenamientos vendrán especificados en los programas en sí. Cada uno implicará un volumen e intensidad diferente.

Serán tres días los que se entrene esta prueba. Hay entrenamientos aeróbicos y otros anaeróbicos. Unos implican un ritmo continuo y otros un ritmo discontinuo y mayor, pero con pequeños descansos.

CAPÍTULO 18

Explicación y desarrollo de los periodos de entrenamiento

1. Introducción

 Recuerda que...

La planificación para la preparación de las pruebas físicas de acceso a la Policía Nacional tendrá cuatro periodos en los que se engloban diversos programas de entrenamiento.

La siguiente tabla comprende la duración de los programas, relacionando el tiempo disponible antes del día de las pruebas oficiales y el tipo de periodo.

Tiempo / Periodo	10 meses	9 meses	8 meses	7 meses	6 meses	5 meses	4 meses	3 meses
Preparatorio general	Programa A: 2 meses	Programa A: 2 meses	Programa A: 1 mes	Programa A: 1 mes	Programa A: 1 mes	Programa A: 1 mes	Programa A: 2 semanas	Programa A: 2 semanas
	Programa B: 2 meses	Programa B: 1 mes	Programa B: 2 meses	Programa B: 2 meses	Programa B: 1 meses	Programa B: 1 meses	Programa B: 2 semanas	Programa B: 2 semanas
Preparatorio específico	Programa C: 2 meses	Programa C: 2 meses	Programa C: 1 mes	Programa C: 1 mes	Programa C: 1 mes	Programa C: 1 mes	Programa C: 1 mes	Programa C: 1 mes
Competitivo general	Programa D: 2 meses	Programa D: 2 meses	Programa D: 2 meses	Programa D: 2 meses	Programa D: 2 meses	Programa D: 1 mes	Programa D: 1 mes	Programa D: 2 semanas
Competitivo específico	Programa E: 2 meses	Programa E: 2 meses	Programa E: 2 meses	Programa E: 1 mes	Programa E: 1 mes	Programa E: 1 mes	Programa E: 1 mes	Programa E: 2 semanas

Duración de los programas en función
del tiempo restante hasta la realización de las pruebas

El opositor deberá realizar los **4 periodos con sus correspondientes 5 programas**, independientemente del tiempo que le quede hasta la fecha del examen oficial de las pruebas físicas. Reducir o aumentar la duración de cada uno de los programas hará que la planificación se vea afectada y que el opositor no llegue con un estado óptimo de forma física el día de las pruebas.

2. Periodo preparatorio general

Es la primera etapa de preparación física en la cual se comienza con entrenamientos generales, trabajando las cualidades físicas básicas y desarrollando todos los músculos, tanto los implicados en las pruebas como los que no. Es un periodo necesario para crear una base aeróbica y muscular y, así, evitar posibles lesiones en un futuro cuando los entrenamientos sean más específicos.

Sirve para que no haya futuras descompensaciones en la musculatura. Es un error caer en la especificidad del entrenamiento ya desde el principio de la preparación de las pruebas físicas de acceso. Se debe ir de lo más general a lo más específico con una estructura y secuencia lógica. Para ello, hay que ir periodo a periodo, sin saltarse ninguno.

En cuanto al tipo de carga, destacar que el volumen y la intensidad serán bajos al principio, pero irán incrementando progresivamente e incluso llegará a haber una notable diferencia a favor del volumen.

 Recuerda que...

Para entender correctamente la distribución de las cargas de entrenamiento, se recomienda volver a leer las definiciones de carga, intensidad y volumen en el capítulo 4.

Este periodo preparatorio general está compuesto por dos programas de entrenamiento deportivo con duración variable, según el tiempo disponible del opositor hasta el día de las pruebas.

3. Periodo preparatorio específico

Es la segunda etapa de preparación para las pruebas físicas. Comienza a hacerse un poco más específico el entrenamiento, buscando el protagonismo de las cualidades físicas básicas y los músculos principales en cada una de las pruebas, sin desentenderse de los secundarios.

Respecto a la carga, el volumen empieza a reducirse y la intensidad aumenta progresivamente.

Este periodo está compuesto por un único programa de entrenamiento deportivo y su duración depende del tiempo disponible del opositor hasta el día de las pruebas oficiales.

4. Periodo competitivo general

Es la tercera etapa de preparación física. Se comienza a buscar el ritmo de competición, es decir, la simulación de las características de cada prueba.

En cuanto a la carga, los valores del volumen siguen disminuyendo y los de intensidad aumentan hasta su pico máximo.

Este periodo conlleva un programa de entrenamiento de duración variable según el tiempo restante hasta el día de las pruebas.

5. Periodo competitivo específico

Es la cuarta y última etapa de preparación. Consiste en una puesta a punto para llegar con el máximo nivel posible el día de las pruebas físicas oficiales. Los ejercicios de los entrenamientos son totalmente específicos y buscan simular cada una de las pruebas al detalle.

Atendiendo a la carga, la intensidad sigue en su máximo valor y el volumen vuelve a aumentar, alcanzando un valor casi tan alto como la intensidad.

Está compuesto por un programa de entrenamiento en el que la duración depende del tiempo disponible del opositor hasta el día de las pruebas.

Periodo preparatorio general: programas A y B

1. Introducción

Es necesario realizar todos los programas (A, B, C, D y E) durante el tiempo estipulado.

2. Programa A

Se debe realizar durante el tiempo indicado en el capítulo 17. Explicación y desarrollo de los periodos de entrenamiento, que irá en función del tiempo restante hasta la fecha de las pruebas físicas oficiales.

2.1. Entrenamiento de circuito

Realizar según se ha indicado en el capítulo 16. Consideraciones de los programas de entrenamiento. Pautas para entrenar cada prueba.

PROGRAMA NIVEL	A
Muy bajo	2 veces libre
Bajo	2 veces libre
Medio	3 veces libre
Alto	4 veces libre
Muy alto	4 veces libre

Entrenamiento de circuito, programa A

2.2. Entrenamiento de barra

En este tipo de entrenamiento las consideraciones a tener en cuenta son:

- **Repeticiones**: 10 de cada uno de los ejercicios. En el caso de la suspensión en barra serán 30 segundos.

- **En circuito**: las vueltas dependerán del nivel obtenido en las pruebas. Ejemplo: 10 repeticiones del ejercicio 1, 10 del ejercicio 2... así hasta el último y se vuelve a empezar, haciendo el número de vueltas correspondiente al nivel obtenido en las pruebas.

– **Series**: dependerá del número de vueltas en que se realice el circuito.

– **Intensidad**: media, que no cueste llegar a la última repetición.

– **Recuperación**: entre ejercicios, es lo que lleve desplazarse de uno a otro. Entre vueltas, es de 1 minuto.

– **Velocidad**: moderada, ni rápida ni lenta.

ENTRENAMIENTO 1	ENTRENAMIENTO 2	ENTRENAMIENTO 3
1. Dominadas / Suspensión	1. Press hombros con mancuernas	1. Press vertical para pecho
2. Encogimientos abdominales	2. Encogimientos abdominales	2. Encogimientos abdominales
3. Remo en máquina agarre estrecho	3. Bíceps alterno con giro de mancuerna	3. Aperturas planas con mancuernas
4. Elevaciones de pelvis para abdominal con piernas a 90º	4. Elevaciones de pelvis para abdominal con piernas a 90º	4. Elevaciones de pelvis para abdominal con piernas a 90º
5. Press vertical para pecho	5. Extensión tríceps en polea alta	5. Remo en máquina agarre estrecho

Entrenamiento de barra, programa A

Press vertical

▶ Vídeos recomendados

- **Dominadas**:
  http://youtu.be/POiA-X_sSNI

- **Press con mancuernas**:
  http://youtu.be/etBfeWlG3UI

- **Encogimientos normales**:
  http://youtu.be/8kAtiCfSPAM

- **Remo en máquina, agarre estrecho**:
  http://youtu.be/soCIc8IC_fg

- **Curl con mancuernas, giro alterno**:
  http://youtu.be/Nq34NX-XbSE

- **Elevación de pelvis**:
  http://youtu.be/MtQQgPfX_LI

- **Press plano con mancuernas**:
  http://youtu.be/X11Z4ZIYSns

- **Extensión en polea alta con barra**:
  http://youtu.be/RU_xplYhPFM

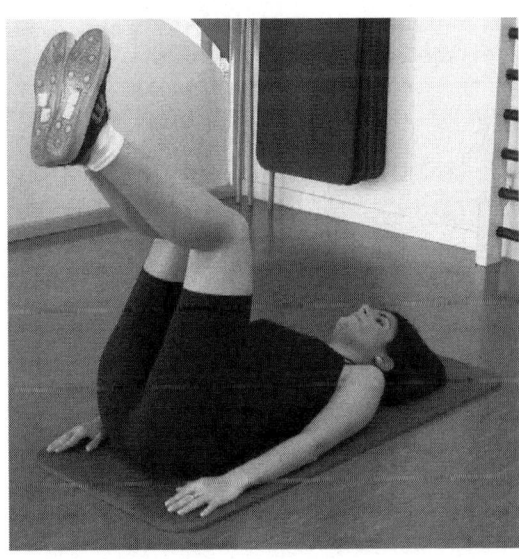

Abdominales elevación de pelvis

2.3. Entrenamiento de carrera

En este tipo de entrenamiento las consideraciones a tener en cuenta son:

– **Intensidad**:

* **Baja**, que no cueste apenas esfuerzo. 60 % de la FCM.

* **Media**, que permita hablar sin esfuerzo. 70 % de la FCM.

* **Alta**, que se entrecorten las palabras a la hora de hablar. 80 % de la FCM.

* **Muy alta**, que sea casi imposible hablar. 90 % de la FCM.

Ejemplo: persona de 30 años. FCM = 220 - edad = 190 de pulsaciones máximas teóricas por minuto. El 70 % de 190 es 133 pulsaciones/minuto.

– **Estiramientos**: al acabar se deben estirar las piernas manteniendo la posición sin hacer rebotes durante 30-40 segundos.

	ENTRENAMIENTO 1	ENTRENAMIENTO 2	ENTRENAMIENTO 3
Nivel muy bajo	30 minutos caminando, intensidad media	30 minutos caminando, intensidad media	30 minutos caminando, intensidad media
Nivel bajo	45 min. caminando, intensidad alta	20 min. carrera continua, intensidad media	45 min. caminando, intensidad alta
Nivel medio	25 min. carrera continua, intensidad media	30 min. carrera continua, intensidad media	25 min. carrera continua, intensidad media
Nivel alto	35 min. carrera continua, intensidad media	40 min. carrera continua, intensidad media	35 min. carrera continua, intensidad media
Nivel muy alto	40 min. carrera continua, intensidad media	45 min. carrera continua, intensidad media	40 min. carrera continua, intensidad media

Entrenamiento de carrera, programa A

3. Programa B

Se debe realizar durante el tiempo indicado en el capítulo 17. Explicación y desarrollo de los periodos de entrenamiento, que irá en función del tiempo restante hasta la fecha de las pruebas físicas oficiales.

3.1. Entrenamiento de circuito

Realizarlo según lo que se indica al respecto en el capítulo 16. Consideraciones de los programas de entrenamiento.

PROGRAMA / NIVEL	B
Muy bajo	2 veces por pasos y 1 vez por libre
Bajo	2 veces por pasos y 2 veces por libre
Medio	2 veces por pasos y 2 veces por libre
Alto	2 veces por pasos y 3 veces por libre
Muy alto	2 veces por pasos y 3 veces por libre

Entrenamiento de circuito, programa B

3.2. Entrenamiento de barra

En este tipo de entrenamiento las consideraciones a tener en cuenta son:

– **Repeticiones**: 12 de cada uno de los ejercicios. En el caso de la suspensión en barra serán 35 segundos.

– **En circuito**: las vueltas dependerán del nivel obtenido en las pruebas. Ejemplo: 12 repeticiones del ejercicio 1, 12 del ejercicio 2... así hasta el último y se vuelve a empezar, haciendo el número de vueltas correspondiente al nivel obtenido en las pruebas.

– **Series**: dependerá del número de vueltas realizadas en el circuito.

– **Intensidad**: media-alta, que cueste un poco llegar a la última repetición.

– **Recuperación**: entre ejercicios, es lo que lleve desplazarse de uno a otro. Entre vueltas es de 1 minuto.

– **Velocidad**: moderada, ni rápida ni lenta.

ENTRENAMIENTO 1	ENTRENAMIENTO 2	ENTRENAMIENTO 3
1. Dominadas / Suspensión	1. Elevación lateral con mancuernas	1. Jalón al pecho
2. Encogimientos abdominales	2. Encogimientos abdominales	2. Encogimientos abdominales
3. Hombres: jalón al pecho agarre pronación / Mujeres: *pull-over* en polea alta	3. Bíceps alterno con giro de mancuerna	3. Remo en máquina agarre estrecho

4. Elevaciones de pelvis para abdominal con piernas a 90°	4. Elevaciones de pelvis para abdominal con piernas a 90°	4. Elevaciones de pelvis para abdominal con piernas a 90°
5. Flexiones de brazos (con o sin rodillas apoyadas en el suelo)	5. Press francés para tríceps	5. Flexiones de brazos (con o sin rodillas apoyadas en el suelo)
6. Encogimientos abdominales mano a mismo pie	6. Encogimientos abdominales mano a mismo pie	6. Encogimientos abdominales mano a mismo pie

Entrenamiento de barra, programa B

 Vídeos recomendados

- **Dominadas**:
  http://youtu.be/POiA-X_sSNI

- **Jalón al pecho agarre estrecho**:
  http://youtu.be/2oySz9COBIY

- **Encogimientos normales**:
  http://youtu.be/8kAtiCfSPAM

- **Elevaciones laterales con mancuernas**:
  http://youtu.be/Xq4YLJw61Ak

- **Remo en máquina, agarre estrecho**:
  http://youtu.be/soClc8IC_fg

- **Curl con mancuernas, giro alterno**:
  http://youtu.be/Nq34NX-XbSE

- **Elevación de pelvis**:
  http://youtu.be/MtQQgPfX_LI

- **Flexiones normales**:
  http://youtu.be/o1uEOySgqel

- **Flexiones con rodillas apoyadas**:
  http://youtu.be/cay0sCjaY2s

- **Press francés con mancuernas**:
  http://youtu.be/DMKGl9wrDO8

- **Encogimientos mano a mismo**:
  http://youtu.be/9PWHPGqglcE

Suspensión en barra con ayuda

3.3. Entrenamiento de carrera

A tener en cuenta:

– **Intensidad:**

* **Baja**, que no cueste apenas esfuerzo. 60 % de la FCM.

* **Media**, que permita hablar sin esfuerzo. 70 % de la FCM.

* **Alta**, que se entrecorten las palabras a la hora de hablar. 80 % de la FCM.

* **Muy alta**, que sea casi imposible hablar. 90 % de la FCM

Ejemplo: persona de 30 años. FCM = 220 - edad = 190 de pulsaciones máximas teóricas por minuto. El 70 % de 190 es 133 pulsaciones/minuto.

– **Estiramientos**: al acabar se deben estirar las piernas manteniendo la posición sin hacer rebotes durante 30-40 segundos.

	ENTRENAMIENTO 1	ENTRENAMIENTO 2	ENTRENAMIENTO 3
Nivel muy bajo	40 minutos caminando, intensidad alta	15 min. carrera continua, intensidad media	40 minutos caminando, intensidad alta
Nivel bajo	20 min. carrera continua, intensidad media	45 min. caminando, intensidad alta	20 min. carrera continua, intensidad media
Nivel medio	30 min. carrera continua, intensidad media	35 min. carrera continua, intensidad media	30 min. carrera continua, intensidad media
Nivel alto	40 min. carrera continua, intensidad media	45 min. carrera continua, intensidad media	40 min. carrera continua, intensidad media
Nivel muy alto	45 min. carrera continua, intensidad media	50 min. carrera continua, intensidad media	45 min. carrera continua, intensidad media

Entrenamiento de carrera, programa B

Periodo preparatorio específico: programa C

1. Introducción

Se debe realizar durante el tiempo indicado en el capítulo 17. Explicación y desarrollo de los periodos de entrenamiento, que irá en función del tiempo restante hasta la fecha de las pruebas físicas oficiales.

2. Entrenamiento de circuito

Realizarlo según lo indicado en el capítulo 16. Consideraciones de los programas de entrenamiento.

PROGRAMA / NIVEL	C
Muy bajo	2 veces por partes y 2 veces por pasos
Bajo	2 veces por partes y 3 veces por pasos
Medio	2 veces por partes y 3 veces por pasos
Alto	3 veces por partes y 3 veces por pasos
Muy alto	3 veces por partes y 3 veces por pasos

Entrenamiento de circuito, programa C

Práctica del circuito

3. Entrenamiento de barra

En este tipo de entrenamiento las consideraciones a tener en cuenta son:

- **Repeticiones**: 15 de cada uno de los ejercicios. En el caso de la suspensión en barra serán 40 segundos.

- **En circuito**: las vueltas dependerán del nivel obtenido en las pruebas. Ejemplo: 15 repeticiones del ejercicio 1, 15 del ejercicio 2 y 15 del ejercicio 3. Luego se pasa al siguiente grupo de ejercicios 1, 2 y 3. Hay que hacer el número de vueltas correspondiente al nivel obtenido en las pruebas.

- **Series**: dependerá del número de vueltas realizadas del circuito.

- **Intensidad**: media-alta, que cueste algo llegar a la última repetición.

- **Recuperación**: entre ejercicios es lo que lleve desplazarse de uno a otro. Entre vueltas es de 45 segundos.

- **Velocidad**: moderada, ni rápida ni lenta.

ENTRENAMIENTO 1	ENTRENAMIENTO 2	ENTRENAMIENTO 3
1. Dominadas / Suspensión	1. Press banca inclinado con mancuernas	1. Press banca con mancuernas
2. Encogimientos abdominales mano a mismo pie	2. Encogimientos abdominales mano a mismo pie	2. Encogimientos abdominales mano a mismo pie
3. Jalón al pecho: hombres agarre normal y mujeres agarre inverso	3. Encogimientos de trapecio con mancuernas	3. Aperturas planas con mancuernas
1. Elevaciones de pelvis para abdominal con piernas estiradas	1. Antebrazo en pronación	1. Elevaciones de pelvis para abdominal con piernas estiradas
2. Fondos de tríceps en banco/s	2. Elevaciones de pelvis para abdominal con piernas estiradas	2. Bíceps con barra en polea baja
3. Elevación de pelvis para lumbares	3. Antebrazo en supinación	3. Elevación de pelvis para lumbares

Entrenamiento de barra, programa C

▶ Vídeos recomendados

- **Dominadas**:
  http://youtu.be/POiA-X_sSNI

- **Encogimientos mano a mismo pie**:
  http://youtu.be/9PWHPGqglcE

- **Press plano con mancuernas**:
  http://youtu.be/X11Z4ZlYSns

- **Press inclinado con mancuernas**:
  http://youtu.be/hniVrHuGvhA

- **Jalón al pecho agarre estrecho**:
  http://youtu.be/2oySz9COBIY

- **Jalón al pecho agarre inverso**:
  http://youtu.be/-HeRottnWYI

- **Encogimientos con mancuerna**:
  http://youtu.be/u3N8CNlkezk

- **Fondos en banco o silla**:
  http://youtu.be/aX093Pr3TLY

- **Elevación de pelvis para abdominales**:
  http://youtu.be/MtQQgPfX_LI

- **Curl con barra en polea baja**:
  http://youtu.be/PSrsVuKcxCM

- **Elevación de pelvis para lumbar y glúteo**:
  http://youtu.be/oy06osLVils

Jalón al pecho con agarre inverso

4. Entrenamiento de carrera

Tener en cuenta:

- **Intensidad**:

  * **Baja**, que no cueste apenas esfuerzo. 60 % de la FCM.

  * **Media**, que permita hablar sin esfuerzo. 70 % de la FCM.

  * **Alta**, que se entrecorten las palabras a la hora de hablar. 80 % de la FCM.

  * **Muy alta**, que sea casi imposible hablar. 90 % de la FCM.

  Ejemplo: persona de 30 años. FCM = 220 - edad = 190 de pulsaciones máximas teóricas por minuto. El 70 % de 190 es 133 pulsaciones/minuto.

- **Estiramientos**: al acabar se debe estirar las piernas manteniendo la posición sin hacer rebotes durante 30-40 segundos.

	ENTRENAMIENTO 1	ENTRENAMIENTO 2	ENTRENAMIENTO 3
Nivel muy bajo	20 min. carrera continua, intensidad media	20 min. carrera continua, intensidad media	20 min. carrera continua, intensidad media
Nivel bajo	25 min. carrera continua, intensidad media	30 min. progresivos: 10 medio, 10 alto, 10 medio	25 min. carrera continua, intensidad media
Nivel medio	5 min. medio 15 min. cambios ritmo: 2 medio-1 alto 5 min. medio	35 min. progresivos: 10 medio, 15 alto, 10 medio	40 min. carrera continua, intensidad media
Nivel alto	5 min. medio 20 min. cambios ritmo: 2 medio-1 alto 5 min. medio	40 min. progresivos: 10 medio, 10 alto, 10 muy alto, 10 medio	45 min. carrera continua, intensidad alta 4 progresiones de 50 m acabando a ritmo alto
Nivel muy alto	5 min. medio 25 min. cambios ritmo: 2 medio-1 alto 5 min. medio	45 min. progresivos: 10 medio, 15 alto, 10 muy alto, 10 medio	50 min. carrera continua, intensidad alta 4 progresiones de 50 m acabando a ritmo alto

Entrenamiento de carrera, programa C

CAPÍTULO 21

Periodo competitivo general: programa D

1. Introducción

Se debe realizar durante el tiempo indicado en el capítulo 17. Explicación y desarrollo de los periodos de entrenamiento, que irá en función del tiempo restante hasta la fecha de las pruebas físicas oficiales.

2. Entrenamiento de circuito

Realizarlo según las indicaciones dadas en el capítulo 16. Consideraciones de los programas de entrenamiento.

PROGRAMA NIVEL	D
Muy bajo	2 veces por partes y 3 veces libre
Bajo	2 veces por partes y 4 veces libre
Medio	2 veces por partes y 4 veces libre
Alto	3 veces por partes y 4 veces libre
Muy alto	3 veces por partes y 4 veces libre

Entrenamiento de circuito, programa D

3. Entrenamiento de barra

En este entrenamiento, las consideraciones a tener en cuenta son:

- **Repeticiones**: 8 de cada uno de los ejercicios, excepto en abdominales y lumbares que hay que hacer 12. En el caso de la suspensión en barra serán 25 segundos. Quien haga más dominadas o segundos en suspensión en barra, deberá ponerse lastre en la cintura.

- **En circuito**: las vueltas dependerán del nivel obtenido en las pruebas. Ejemplo: 8 repeticiones del ejercicio 1, 8 del ejercicio 2 y 8 del ejercicio 3. Luego se pasa al siguiente grupo de ejercicios 1 y 2. Hay que hacer el número de vueltas correspondiente al nivel obtenido en las pruebas.

- **Series**: dependerá del número de vueltas realizadas del circuito.

- **Intensidad**: alta, que cueste mucho llegar a la última repetición.

- **Recuperación**: entre ejercicios es lo que lleve desplazarse de uno a otro. Entre vueltas es de 1 min. 15 segundos.

- **Velocidad**: lenta.

ENTRENAMIENTO 1	ENTRENAMIENTO 2	ENTRENAMIENTO 3
1. Dominadas / Suspensión	1. Press banca plano con barra	1. Dominadas / Suspensión
2. Encogimientos abdominales giro codo a rodilla contraria	2. Encogimientos abdominales giro codo a rodilla contraria	2. Encogimientos abdominales giro codo a rodilla contraria
3. Lumbares en banco	3. Lumbares en banco	3. Lumbares en banco
1. Jalón al pecho: hombres agarre normal y mujeres agarre inverso	1. Press hombros con mancuernas	1. Jalón al pecho: hombres agarre normal y mujeres agarre inverso
2. Fondos de tríceps entre bancos	2. Bíceps con barra recta: hombres agarre inverso y mujeres agarre normal	2. Fondos de tríceps entre bancos

Entrenamiento de barra, programa D

 Vídeos recomendados

- **Dominadas**:
  http://youtu.be/POiA-X_sSNI

- **Abdominales de giro a codo a rodilla contraria**:
  http://youtu.be/yGxD-bSB3nU

- **Elevación de tronco en banco**:
  http://youtu.be/9HDCJEWka0Y

- **Press plano con mancuernas**:
  http://youtu.be/X11Z4ZIYSns

- **Press inclinado con mancuernas**:
  http://youtu.be/hniVrHuGvhA

- **Jalón al pecho agarre estrecho**:
  http://youtu.be/2oySz9COBIY

- **Jalón al pecho agarre inverso**:
  http://youtu.be/-HeRottnWYI

- **Press hombros con mancuernas**:
  http://youtu.be/etBfeWlG3UI

- **Press plano con barra**:
  http://youtu.be/SdiqU6xjw2s

- **Curl con barra recta, agarre inverso**:
  http://youtu.be/B0JjZAZ7Brw

- **Curl con barra recta, agarre ancho**:
  http://youtu.be/jKbhO-5aARA

- **Fondos entre bancos o sillas**:
  http://youtu.be/emsqdl21gJM

Bíceps con barra recta y agarre inverso

Press de banca con barra

4. Entrenamiento de carrera

Las consideraciones a tener en cuenta son:

- **Intensidad**:

    * Baja, que no cueste apenas esfuerzo. 60 % de la FCM.

    * Media, que permita hablar sin esfuerzo. 70 % de la FCM.

* Alta, que se entrecorten las palabras a la hora de hablar. 80 % de la FCM.

* Muy alta, que sea casi imposible hablar. 90 % de la FCM.

Ejemplo: persona de 30 años. FCM = 220 - edad = 190 de pulsaciones máximas teóricas por minuto. El 70 % de 190 es 133 pulsaciones/minuto.

– **Estiramientos**: al acabar, se deben estirar las piernas manteniendo la posición sin hacer rebotes durante 30-40 segundos.

	ENTRENAMIENTO 1	**ENTRENAMIENTO 2**	**ENTRENAMIENTO 3**
Nivel muy bajo	20 min. carrera continua, intensidad alta	20 min. carrera continua, intensidad alta	20 min. carrera continua, intensidad alta
Nivel bajo	5 min. medio 15 min. cambios ritmo: 2 medio-1 alto 5 min. medio	20 min. progresivos: 5 medio, 5 alto, 5 muy alto, 5 medio	25 min. carrera continua, intensidad alta
Nivel medio	10 min. medio 2 x 400 metros muy alto. Descanso: con 3 min. entre series 10 min. medio	5 min. medio 15 min. cambios ritmo: 1 medio-1 alto 5 min. medio	30 min. progresivos: 5 medio, 10 alto, 10 muy alto, 5 medio 4 progresiones de 50 m acabando a ritmo alto
Nivel alto	10 min. medio 3 x 400 metros muy alto. Descanso: con 3 min. entre series 10 min. medio	5 min. medio 20 min. cambios ritmo: 1 medio-1 muy alto 5 min. medio	35 min. progresivos: 5 medio, 15 alto, 10 muy alto, 5 medio 4 progresiones de 50 m acabando a ritmo alto
Nivel muy alto	10 min. medio 4 x 400 metros muy alto. Descanso: con 3 min. entre series 10 min. medio	5 min. medio 25 min. cambios ritmo: 1 medio-1 muy alto 5 min. medio	40 min. progresivos: 10 medio, 15 alto, 10 muy alto, 5 medio 4 progresiones de 50 m acabando a ritmo alto

Entrenamiento de carrera, programa D

CAPÍTULO 22

Periodo competitivo específico: programa E

1. Introducción

Se debe realizar durante el tiempo indicado en el capítulo 17. Explicación y desarrollo de los periodos de entrenamiento, que irá en función del tiempo restante hasta la fecha de las pruebas físicas oficiales.

2. Entrenamiento de circuito

Realizarlo según las indicaciones dadas en el capítulo 16. Consideraciones de los programas de entrenamiento.

NIVEL / PROGRAMA	E
Muy bajo	6 veces libre
Bajo	7 veces libre
Medio	7 veces libre
Alto	8 veces libre
Muy alto	8 veces libre

Entrenamiento de circuito, programa E

Circuito de agilidad en parquet

3. Entrenamiento de barra

Tener en cuenta:

- **Repeticiones**: 12 de cada uno de los ejercicios. En el caso de la suspensión en barra serán 50 segundos. Quien haga más dominadas o segundos en suspensión en barra, deberá ponerse lastre en la cintura. Quien no, deberá usar la máquina de ayuda.

- **En circuito**: las vueltas dependerán del nivel obtenido en las pruebas. Ejemplo: 12 repeticiones del ejercicio 1, 12 del ejercicio 2 y 12 del ejercicio 3. Luego se pasa al siguiente grupo de ejercicios 1, 2 y 3. Hay que hacer el número de vueltas correspondiente al nivel obtenido en las pruebas.

- **Series**: dependerá del número de vueltas que se realice el circuito.

- **Intensidad**: alta, que cueste mucho llegar a la última repetición.

- **Recuperación**: entre ejercicios es lo que lleve desplazarse de uno a otro. Entre vueltas es de 1 minuto.

- **Velocidad**: rápida.

ENTRENAMIENTO 1	ENTRENAMIENTO 2	ENTRENAMIENTO 3
1. Dominadas / Suspensión	1. Dominadas / Suspensión	1. Dominadas / Suspensión
2. Abdominales flexión de cadera colgado en barra	2. Abdominales flexión de cadera colgado en barra	2. Abdominales flexión de cadera colgado en barra
3. Lumbares en banco	3. Lumbares en banco	3. Lumbares en banco
1. Jalón al pecho: hombres agarre normal y mujeres agarre inverso	1. Jalón al pecho: hombres agarre normal y mujeres agarre inverso	1. Jalón al pecho: hombres agarre normal y mujeres agarre inverso
2. Encogimientos abdominales tumbado lateral: tronco y una pierna	2. Encogimientos abdominales tumbado lateral: tronco y una pierna	2. Encogimientos abdominales tumbado lateral: tronco y una pierna
3. Bíceps con barra recta: hombres agarre inverso y mujeres agarre normal	3. Bíceps con barra recta: hombres agarre inverso y mujeres agarre normal	3. Bíceps con barra recta: hombres agarre inverso y mujeres agarre normal

Entrenamiento de barra, programa E

> ▶ Vídeos recomendados
>
> - **Dominadas**:
>   http://youtu.be/POiA-X_sSNI
>
> - **Encogimientos laterales tronco y pierna**:
>   http://youtu.be/8qTSflautxl
>
> - **Jalón al pecho agarre estrecho**:
>   http://youtu.be/2oySz9COBIY
>
> - **Jalón al pecho agarre inverso**:
>   http://youtu.be/-HeRottnWYI
>
> - **Curl con barra recta, agarre inverso**:
>   http://youtu.be/B0JjZAZ7Brw
>
> - **Curl con barra recta, agarre ancho**:
>   http://youtu.be/jKbhO-5aARA

Encogimientos laterales: tronco y una pierna

4. Entrenamiento de carrera

– **Intensidad:**

* **Baja**, que no cueste apenas esfuerzo. 60 % de la FCM.

* **Media**, que permita hablar sin esfuerzo. 70 % de la FCM.

* **Alta**, que se entrecorten las palabras a la hora de hablar. 80 % de la FCM.

* **Muy alta**, que sea casi imposible hablar. 90 % de la FCM.

Ejemplo: persona de 30 años. FCM = 220 - edad = 190 de pulsaciones máximas teóricas por minuto. El 70 % de 190 es 133 pulsaciones/minuto.

– **Estiramientos**: al acabar se debe estirar las piernas manteniendo la posición sin hacer rebotes durante 30-40 segundos.

	ENTRENAMIENTO 1	ENTRENAMIENTO 2	ENTRENAMIENTO 3
Nivel muy bajo	25 min. carrera continua, intensidad alta	20 min. progresivos: 5 medio, 5 alto, 5 muy alto, 5 medio	25 min. carrera continua, intensidad alta
Nivel bajo	10 min. medio 2 x 400 metros alto. Descanso: con 2 min. entre series 10 min. medio	10 min. medio 15 min. cambios ritmo: 1 medio-1 alto 5 min. medio	30 min. progresivos: 10 medio, 10 alto, 5 muy alto, 5 medio
Nivel medio	10 min. medio 4 x 300 metros muy alto. Descanso: con 3 min. entre series 10 min. medio	40 min. progresivos: 10 medio, 10 alto, 15 muy alto, 5 medio 4 progresiones de 80 m acabando a ritmo alto	10 min. medio 3 x 500 metros muy alto. Descanso: con 2 min. entre series 10 min. medio
Nivel alto	10 min. medio 4 x 300 metros muy alto. Descanso: con 3 min. entre series 10 min. medio	45 min. progresivos: 10 medio, 15 alto, 15 muy alto, 5 medio 4 progresiones de 80 m acabando a ritmo alto	10 min. medio 4 x 500 metros muy alto. Descanso: con 2 min. entre series 10 min. medio
Nivel muy alto	10 min. medio 5 x 300 metros muy alto. Descanso: con 3 min. entre series 10 min. medio	50 min. progresivos: 10 medio, 15 alto, 20 muy alto, 5 medio 4 progresiones de 80 m acabando a ritmo alto	10 min. medio 5 x 500 metros muy alto. Descanso: con 2 min. entre series 10 min. medio

Entrenamiento de carrera, programa E

CAPÍTULO 23

Consejos para los días previos a las pruebas

1. Introducción

Los días previos a las pruebas de aptitud física del examen oficial de acceso a la Policía Nacional, hay que tener en cuenta varios aspectos referentes al entrenamiento y a la alimentación.

Es importante hacer una reducción del volumen y la intensidad de los entrenamientos. En cuando a la alimentación, se debe aumentar la ingesta de hidratos de carbono con el fin de llegar al día de las pruebas físicas con los depósitos de glucógeno muscular y hepático bien llenos. De esta forma, el opositor estará descansado y con energía para realizar las tres pruebas físicas.

2. Entrenamientos

En cada convocatoria sale a sorteo la primera letra del primer apellido por la que empezarán a ser examinados los aspirantes a la Policía Nacional.

Durante los 3 días previos a dicha prueba, cada opositor deberá modificar tanto su entrenamiento como su alimentación. El objetivo es llegar más descansado a las pruebas físicas y con toda la energía posible. Para ello, habrá una reducción del volumen y la intensidad de los entrenamientos.

	3er día previo	2º día previo	Día previo
Circuito	Entrenar con normalidad	Sólo 4 veces	Solo 3 veces
Barra	Entrenar con normalidad	Reducir 2 vueltas del circuito	No hacer musculación. Especial dedicación a los estiramientos
Carrera	Entrenar con normalidad	30 min. carrera continua 4 progresiones de 50 metros acabando a ritmo alto	15 min. carrera continua. Especial dedicación a los estiramientos

Entrenamientos en los días previos a las pruebas físicas oficiales

Principales estiramientos de piernas

Principales estiramientos de tronco y brazos

3. Alimentación

 Sabías que...

Durante el periodo de mediados del siglo XX, durante la Guerra Fría, la Unión Soviética tuvo en secreto estudios nutricionales y dietéticos con el objetivo de lograr la "supremacía en el deporte" de sus atletas, hecho que revelaban en los sucesivos Juegos Olímpicos de aquella época.

	3er día previo	2º día previo	Día previo
Desayuno	Alto en hidratos de carbono	Alto en hidratos de carbono	Alto en hidratos de carbono
Almuerzo	Más fruta y líquidos	Más fruta y líquidos	Más fruta y líquidos
Comida	Alta en hidratos de carbono	Alta en hidratos de carbono	Alta en hidratos de carbono
Merienda	Más fruta y líquidos	Más fruta y líquidos	Más fruta y líquidos
Cena	Alta en hidratos de carbono	Alta en hidratos de carbono	Alta en hidratos de carbono

Pautas alimenticias en los días previos a las pruebas físicas oficiales

Durante los tres días previos es importante aumentar la ingesta de hidratos de carbono complejos (arroz, pasta, patata, pan...) con el fin de reponer el glucógeno muscular y hepático para realizar las pruebas con toda la energía acumulada posible.

🖈 Recuerda que...

El músculo y el hígado tienen almacenada energía en forma de glucógeno y eso será lo que premie a la hora de suministrar energía en el ejercicio físico.

Principales fuentes de hidratos de carbono complejos

Asimismo, también se recomienda beber gran cantidad de agua y bebidas isotónicas para tener bien hidratados los músculos y evitar calambres o un bajo rendimiento por deshidratación.

 Sabías que...

El músculo está formado por un 75 % de agua. Por esta razón es tan importante mantener el cuerpo hidratado. De esta forma, la musculatura no mermará su rendimiento.

Benardot incide en que "es importante beber abundante líquido que contenga carbohidratos durante el ejercicio. Es conveniente consumir al menos 400 calorías de carbohidratos inmediatamente después del entrenamiento. Este es el primer intento de que sus músculos reemplacen el glucógeno muscular que había perdido durante el ejercicio".

Un **masaje de descarga muscular** es una buena opción para llegar fresco el día de las pruebas, pero deberá llevarse a cabo con tres días de anterioridad, como mínimo, para poder reactivar de nuevo los músculos.

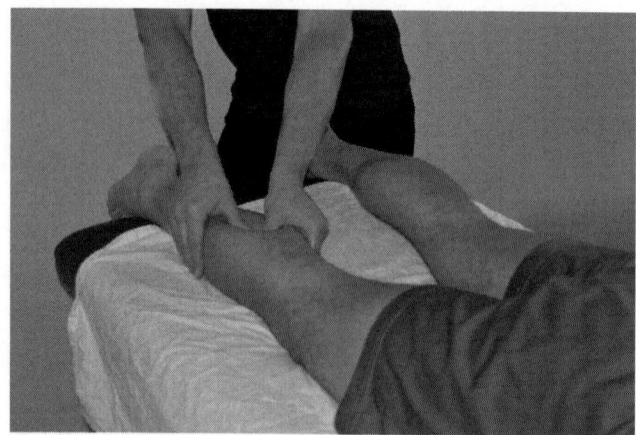

Masaje antes de las pruebas físicas

El mismo día de la prueba no se debe cambiar la rutina del desayuno. Se recomienda consumir lo de siempre. Ese día no es momento para experimentar. Si se quiere **probar algún alimento o suplemento nutricional nuevo**, se deberá hacer con anterioridad para ver los resultados obtenidos con ello.

Hay que tener en cuenta el tiempo que va a pasar desde el desayuno hasta la ejecución de las 3 pruebas físicas. Los aspirantes suelen ser citados a las 9:00 de la mañana, hora en la que comenzarán los exámenes. Dependiendo del orden alfabético del primer apellido, cada persona podrá intuir más o menos la franja horaria en la que se examinará. Ejemplo: si cierto día se examinan los aspirantes cuyo primer apellido comience por la letra "s", los que sean "Suárez" podrán deducir que serán de los últimos en examinar. En algunas convocatorias, los funcionarios miden la altura de los opositores antes de comenzar la primera prueba física, hecho que hace que se produzcan menos exámenes por la mañana. El análisis de esta información será importante para prever que más o menos realizarán las pruebas físicas a última hora de la mañana (los exámenes suelen durar de 9:00 a 13:30/14:00). Por lo tanto, se deberá llevar algún alimento encima, como puede ser una barrita energética, así como alguna bebida con sales minerales y agua.

CAPÍTULO 24

Trucos para el día del examen oficial

1. Introducción

Como se ha dicho anteriormente, en el capítulo 16, el orden de las pruebas físicas suele ser el siguiente:

1. Circuito.

2. Barra.

3. Carrera.

O bien puede seguir esta secuencia:

1. Barra.

2. Circuito.

3. Carrera.

▶ Vídeos recomendados

- **Carrera rodillas arriba**:
  https://youtu.be/UFaOSRA7Rsg

158.CARRERA - Rodillas arriba

- **Carrera talones atrás**:
  https://youtu.be/dTscAQ ONW8

159.CARRERA - Talones atrás

 Vídeos recomendados

- **Carrera salida sprint**:
  https://youtu.be/M3cjURMmnF4

CARRERA - Salida sprint

▶ ▶| 🔊 0:07 / 0:27

161. CARRERA - Salida sprint

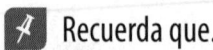 Recuerda que...

A la hora de realizar las pruebas, es importante haber hecho un calentamiento previo para evitar posibles lesiones, como tirones, roturas de fibras, esguinces, etc.

2. Circuito de agilidad

Lo más recomendable es **entrenarlo por partes** y, una vez automatizadas, hacerlo de principio a fin.

Se deberá estar alerta a la señal de "Listo, ya".

En cada giro que hagamos es importante **frenar con la pierna del exterior**.

Si se quiere reducir el tiempo de los pasos de valla por encima, se aconseja realizar un salto a una pierna.

Para reducir tiempo en el salto final se deberá contactar con el suelo lo antes posible. El examinador puede parar el cronómetro cuando un pie toca el suelo o cuando lo hacen los dos. Por ello, se debe realizar el salto a una pierna y buscar el suelo con el pie de la otra pierna.

El contacto con el segundo pie también debe ser rápido, por si en esa convocatoria están parando el cronómetro cuando los dos pies contactan con el suelo.

Dado que es una prueba en la que se permiten **2 intentos**, se puede arriesgar en el primero para intentar lograr una buena marca.

Con el fin de evitar resbalar, se recomienda limpiar la suela del calzado deportivo con algo de tela (por ejemplo, una camiseta).

3. Barra

3.1. Dominadas

Se recomienda entrenarlas practicando diferentes anchuras de agarre, siempre respetando la pronación de las manos (dedos hacia el frente). A mayor distancia entre manos, menor recorrido. A menor separación, mayor recorrido. No obstante, la anchura mínima del agarre es ligeramente superior a la anchura de los hombros.

3.2. Suspensión en barra

Para conseguir una permanencia prolongada en la posición de cuerpo suspendido con la barbilla por encima del nivel de la barra, se recomienda hacer un **agarre medio**, algo más estrecho que la anchura de hombros. De esta forma, la opositora podrá tener los **codos pegados a sus costados**, posición esta que suele favorecer la fijación estática.

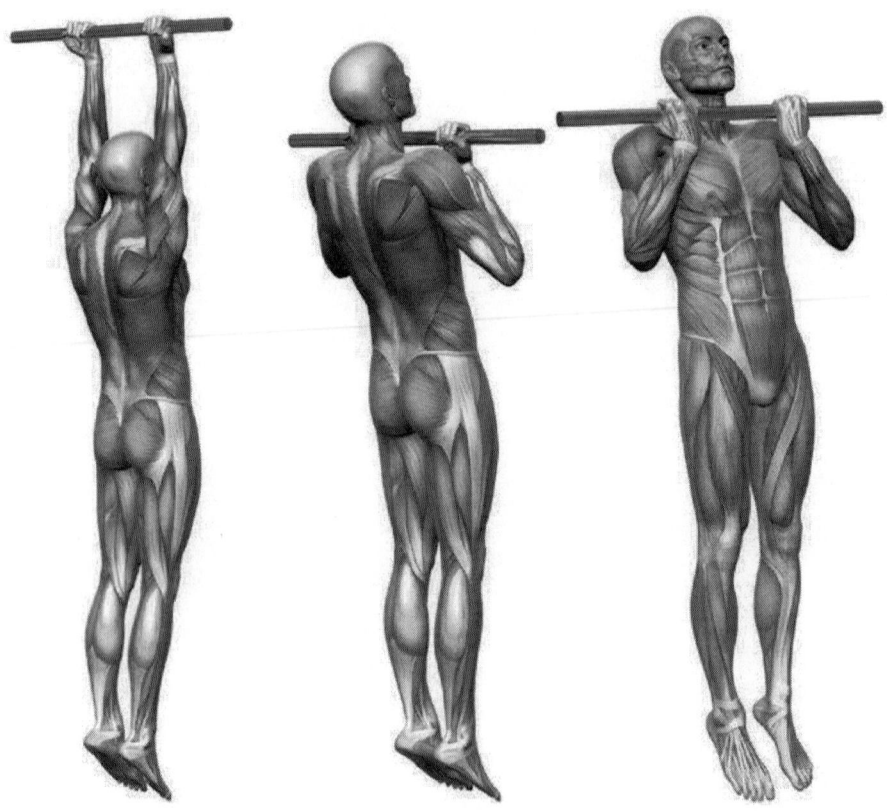

4. Carrera

En esta prueba será de vital importancia controlar la respiración y, con ello, las pulsaciones cardíacas. El aire se debe inspirar por la nariz (oxígeno) y espirar por la boca (dióxido de carbono). Las **respiraciones** deberán ser **profundas y controladas**. Esto evitará la aparición de flatos.

Para una buena **estrategia del ritmo de carrera**, se aconseja realizar la prueba con un reloj cronómetro. Así se podrá controlar la velocidad con la que se desarrolla esta prueba. Hay aspirantes a los que le va bien comenzar de menos a más y, por el contrario, otros prefieren empezar a ritmo elevado y aguantar como bien puedan. Al llevar el **cronómetro en la muñeca**, se asegura uno que va a un ritmo dentro de sus posibilidades.

Para su realización, está permitido el uso de un **reproductor de música**. Es por ello que llevar una o dos canciones motivantes puede producir un buen resultado.

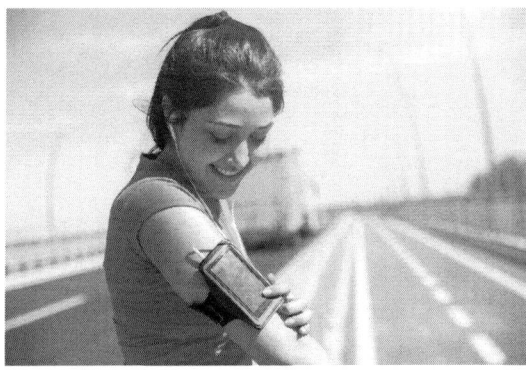

 Sabías que...

Hay estudios que corroboran que la música ayuda a inhibir la sensación de fatiga durante el ejercicio aeróbico.

Esta es una prueba en la que se suelen producir tiempos récord respecto a los test realizados, ya que en el mismo día de los exámenes hay un factor de motivación alto y una descarga de adrenalina.

CAPÍTULO 25

Casos de éxito

1. Introducción

A continuación se incluyen los testimonios reales de tres alumnos de David Sotelino López, preparador físico y autor del presente libro. Ellos cuentan su experiencia a la hora de preparar las pruebas físicas y cómo la superación de la oposición cambió su vida. Actualmente trabajan como Policías Nacionales.

2. Óscar: UIP en Madrid

"Con 20 años y sin tener muy claro a qué me quería dedicar el resto de mi vida, una amiga me animó a preparar las oposiciones. Un mes de febrero me apunté en una academia, aún recuerdo las agujetas al día siguiente del primer día de entrenamiento.

La primera vez que hice los 2 kilómetros tardé más de 8 minutos y no era capaz de hacer ninguna dominada. Todos los lunes hacíamos un examen de las pruebas. La verdad es que en las primeras semanas bajé bastante el tiempo de la carrera. Luego ya empezaba a costar un poco más, pero con los entrenamientos que teníamos como series y fartlek lo conseguí, y el día de las pruebas ¡casi consigo los 10 puntos!

Cuando empecé con las dominadas, no era capaz de hacer ni una sola. Tuve que empezar con la ayuda de la máquina, combinarlo con ejercicios de espalda, etc. Más adelante pasé a colgarme de la barra con lastre en la cintura.

El circuito es el ejercicio más fácil de los tres. Se trata de practicar y practicar. Con un poco de agilidad y no ponerse nervioso el día del examen está hecho.

La verdad es que desde que preparé las oposiciones le cogí el gusto a entrenar. Tanto es así, que ahora forma parte de mi vida diaria. Me costaría mucho a día de hoy no poder hacer algo de deporte.

Yo no entré por vocación como mucha otra gente, pero reconozco que es una profesión que cada día que pasa me gusta más. No hay dos días iguales y te da miles de oportunidades tanto de promocionar como de especializarte".

3. Estela: oficial en seguridad ciudadana

"Me llamo Estela y en el año 2007, cuando tenía 21 años, decidí darle un cambio a mi vida y prepararme para hacer lo que realmente me gustaba, ser Policía Nacional.

Lo primero que hice fue apuntarme a una academia en la que se impartían clases de teoría así como de entrenamientos de cara a afrontar las pruebas físicas; esto último fue lo que personalmente me parecía más importante en mi caso.

En mis primeras clases de entrenamiento fui realizando cada una de las pruebas que la oposición requería mientras el entrenador anotaba todas mis puntuaciones. No recuerdo si en ese momento llegaba a una media de aprobado, lo que sí recuerdo es la ilusión que tenía por empezar a entrenar para conseguir una buena nota en las pruebas físicas.

Durante los siguientes meses tenía entrenamientos varios días a la semana. Eran entrenamientos en gimnasio, de práctica del circuito y de carrera. Estos últimos eran tanto con series, carrera continua y fartlek.

Recuerdo esta época como una de las más satisfactorias de mi vida ya que, aunque el cansancio se apoderaba de mis músculos en muchas ocasiones, todo se compensaba al comprobar la mejoría que poco a poco iba consiguiendo en mis marcas.

Uno de los días más importantes en mi vida fue cuando se publicaron las notas definitivas de la oposición y yo estaba entre los aprobados. Además, estaba en una buena posición debido a la media, sobre todo gracias a las notas de las pruebas físicas. ¡¡Ávila me esperaba!!

Desde entonces pertenezco orgullosa a una de las organizaciones mejor valoradas por los ciudadanos españoles y disfruto cada vez que visto mi uniforme. Además, no he dejado de estudiar y actualizarme para promocionar y ascender. Desde aquella, mi trabajo no es solo un trabajo, mi trabajo es mi hobby, el CNP es parte de mí".

4. Fernando: participación ciudadana

"Cuando me planteé presentarme a las oposiciones al CNP tenía 27 años y hacía 10 que no hacía deporte. Estaba por encima de mi peso ideal, pero aun así me lo tomé como un desafío y empecé a prepararme para superar las pruebas físicas y teóricas.

Recuerdo que el primer día de entrenamiento el profesor nos hizo unas pruebas para saber cómo estábamos físicamente y así tener una referencia inicial. Decir que ese primer día es duro, no solo por el esfuerzo físico sino porque te ves por debajo del resto de la gente que ya lleva un tiempo preparándose y eso te afecta. Había gente que hacía 10 dominadas y yo apenas hacía una. Lo mismo que en la prueba de resistencia que acabé pasados los 9 minutos y otros lo hacían en 7 y medio o menos. En lo único que estaba dentro del aprobado era el circuito pero porque poseía cierta agilidad y entré en el tiempo.

Tras comenzar con el entrenamiento que facilitaba el profesor, podía comprobar cómo cada semana mejoraba, al principio más rápido, después más lento pero consiguiendo mejorar, en mayor o menor medida, mis marcas.

Tres veces por semana hacíamos sesiones de gimnasio para mejorar en las dominadas, fortaleciendo los diferentes grupos musculares, practicábamos el circuito varias veces para mejorar los tiempos y no tirar las vallas. Después del gimnasio siempre nos íbamos a correr, unas veces carrera continua, otras fartlek o subir escaleras. No he corrido tanto en toda mi vida pero la satisfacción que tenía al terminar cada día era inmensa.

Después de varios meses entrenando llegó el gran día, el día en que se evaluaría todo el entrenamiento que había realizado hasta entonces. Empecé con el circuito y recuerdo estar ansioso por empezar, cuando lo terminé dijeron el tiempo en voz alta: 8,2 segundos. No podía creérmelo, era un 10. En la siguiente prueba, las dominadas, no esperaba hacer más de trece o catorce como máximo, pero conseguí hacer 17. La prueba de resistencia era la que más me costaba y cuando empecé a correr me encontraba fatigado y sin aire. Corrí todo lo que pude y acabé en 7 minutos 30 segundos. Pruebas físicas superadas y con una buena media. Después de tanto sudor, dolores musculares y sufrimiento físico, había alcanzado mi objetivo.

Gracias a un buen entrenamiento, a la perseverancia, a las ganas de pertenecer al CNP y a superarme conseguí llegar a mi meta. Ser Policía Nacional".

Bibliografía

BENARDOT, D. (2001). *Nutrición para deportistas de alto nivel*. Barcelona: Hispano Europea.

GROSSER, M.; STARTISCHKA, S. y ZIMMERMANN, E. (1998). *Principios del entrenamiento deportivo*. Barcelona: Martínez Roca.

MATVÉIEV, L. (2014). *El proceso del entrenamiento deportivo*. Buenos Aires (Argentina): Editorial Stadium.

MCATEE, R. E. y CHARLAND, J. (2000). *Estiramientos facilitados*. Barcelona: Paidotribo.

PANCORBO, A. E. (2008). *Medicina y ciencias del deporte y actividad física*. Madrid: Ergon.

THIBADEAU, C. (2007). *El libro negro de los secretos del entrenamiento*. F. Lepine.